LA

MÉNAGÈRE AGRICOLE

LA MÉNAGÈRE AGRICOLE

A L'USAGE

DES ÉCOLES PRIMAIRES

PAR

V. BARILLOT
INGÉNIEUR AGRONOME
PROFESSEUR DÉPARTEMENTAL D'AGRICULTURE

PARIS
LIBRAIRIE CLASSIQUE EUGÈNE BELIN
BELIN FRÈRES
RUE DE VAUGIRARD, 52

1896

SAINT-CLOUD. — IMPRIMERIE BELIN FRÈRES.

PRÉFACE

En écrivant ce petit livre, nous n'avons pas eu pour but d'ajouter un nouveau *Cours d'économie domestique et ménagère*, à l'usage de la « *maîtresse de maison* », aux excellents traités qui existent déjà sur ce sujet.

Le présent ouvrage est destiné aux élèves des écoles primaires rurales.

La ménagère agricole joue un rôle nettement déterminé et fort important dans l'administration d'une exploitation rurale. Elle est chargée de l'entretien de la maison; elle élève et nourrit les animaux de la basse-cour; elle cultive le jardin ou surveille sa production; à la laiterie, elle recueille la crème et prépare le beurre et le fromage..... Tous ces travaux exigent d'elle un ensemble de connaissances spéciales.

De même qu'il est difficile aujourd'hui à un cultivateur de se livrer à des opérations agricoles rémunératrices s'il ne possède pas une bonne instruction agricole, de même il est difficile à la ménagère rurale d'accomplir judicieusement sa tâche si elle ne possède pas des notions suffisantes sur la culture du jardin, sur les animaux de la basse-cour, sur la laiterie, etc.

Dans les leçons qui suivent, nous nous sommes appliqué à réunir méthodiquement et à développer simplement les connaissances agricoles élémentaires que les jeunes filles des campagnes devraient acquérir à l'école primaire.

L'enseignement de ces connaissances agricoles dans les écoles rurales de jeunes filles est aussi indispensable que l'enseignement des *notions de sciences avec applications à l'agriculture* dans les écoles rurales de garçons. Le grand vulgarisateur P. Joigneaux disait : « Vous voulez que le cultivateur sache distinguer ses terrains, raisonner ses labours, apprécier la valeur de ses engrais, le mérite de ses outils ; vous voulez qu'il se rende compte de la manière de vivre des végétaux : fort bien. A cet effet, vous lui faites enseigner toutes sortes de bonnes notions scientifiques : c'est toujours fort bien. Mais, pour Dieu, soyez donc conséquents, et faites pour les filles ce que vous faites pour les garçons, car elles ont dans l'exploitation leur large part de besogne et de responsabilité. »

V. B.

LA

MÉNAGÈRE AGRICOLE

Première leçon.

PRÉLIMINAIRES

1. Définition de l'agriculture. — L'agriculture est l'art d'obtenir les produits des *végétaux* et des *animaux* de la manière la plus parfaite et la plus économique.

Les produits des végétaux obtenus par l'agriculture sont : les fruits, les graines, les feuilles, les tiges, les tubercules* ou les racines des plantes cultivées. Exemples : la vigne est cultivée pour ses fruits; les céréales*, telles que le blé, l'orge, etc., sont cultivées pour leurs graines; les salades et les choux, dans le potager, sont cultivés pour leurs feuilles; les herbes de nos prairies sont cultivées pour leurs tiges et leurs feuilles; la pomme de terre est cultivée pour ses tubercules*; la betterave, la carotte, le navet, etc., sont cultivés pour leurs racines.

Les produits des animaux domestiques sont : le lait, les œufs, la viande, la laine, etc.

2. Importance de l'agriculture. — L'agriculture est la plus utile des professions, car c'est elle qui fournit à l'homme les aliments dont il a besoin; elle produit le lait dont il peut se nourrir pendant son tout jeune âge, le pain et la viande qui forment la base de son alimentation pendant sa vie.

En France, la population agricole représente environ la moitié de la population totale.

L'agriculture française met en œuvre des capitaux

énormes : le produit brut annuel de ces capitaux atteint 14 milliards.

Elle entretient et exploite 13 millions de bœufs ou vaches, 23 millions de moutons.... : la valeur du bétail français est de 6 milliards environ.

L'agriculture produit annuellement 70 millions de litres de lait, valant 1 200 millions.

La valeur des œufs produits annuellement est de 130 millions environ.

3. Importance de l'instruction agricole pour la ménagère rurale. — Dans l'exploitation agricole, la ménagère est chargée tout particulièrement de la direction de la basse-cour, du jardin et de la laiterie.

Elle élève les poules, les oies, les canards, les dindons et les lapins; elle distribue à ces animaux chaque jour leur nourriture, et veille sur la propreté du poulailler et du clapier*. Elle utilise, au mieux de ses intérêts, les produits de la basse-cour, soit en les vendant, soit en les employant pour la nourriture du personnel de sa maison.

Dans toute exploitation rurale bien conduite, le jardin potager est dirigé par la ménagère, qui y recueille, en toute saison, des légumes lui permettant de varier l'alimentation du ménage.

Pendant que le cultivateur travaille aux champs, la ménagère est à la laiterie où elle prépare le beurre et le fromage.

Le rôle de la ménagère dans l'exploitation agricole est donc vaste et important; pour le bien remplir, elle doit être instruite.

Ses connaissances spéciales seraient incomplètes si elle ne possédait pas quelques notions d'agriculture générale : c'est par l'étude de ces notions que nous commencerons nos leçons.

RÉSUMÉ

L'agriculture est l'art d'obtenir les produits des végétaux et des animaux de la manière la plus parfaite et la plus économique. C'est la plus utile et la plus importante des professions. En France, la population agricole représente la moitié de la population totale. Dans l'exploitation agricole, c'est la ménagère qui est chargée de la direction de la basse-cour, du jardin et de la laiterie.

QUESTIONNAIRE

1. Qu'est-ce que l'agriculture? — Citez des produits végétaux et animaux obtenus par l'agriculture. — 2. Montrez l'importance de l'agriculture en France. — 3. Citez quelques-uns des travaux de la ménagère agricole.

DEVOIR DE RÉDACTION

Quelle est la part de la ménagère agricole dans les travaux d'une exploitation rurale?

NOTIONS GÉNÉRALES D'AGRICULTURE

CHAPITRE PREMIER

La plante et le sol.

Deuxième leçon.

ORGANISATION DE LA PLANTE

4. Le végétal. — Le végétal vit, grandit et meurt, comme l'animal ; mais il ne se meut pas : c'est ce qui le distingue essentiellement de ce dernier.

L'animal marche ; il se déplace pour aller chercher sa nourriture. La plante, au contraire, ne peut pas se déplacer ; il faut qu'elle trouve sa nourriture là où elle est née, sinon elle dépérit vite et meurt bientôt.

Si le cultivateur veut récolter de belles plantes, il doit faire en sorte que ces plantes trouvent, dans le sol où elles sont fixées, tout ce qui est nécessaire à leur nourriture.

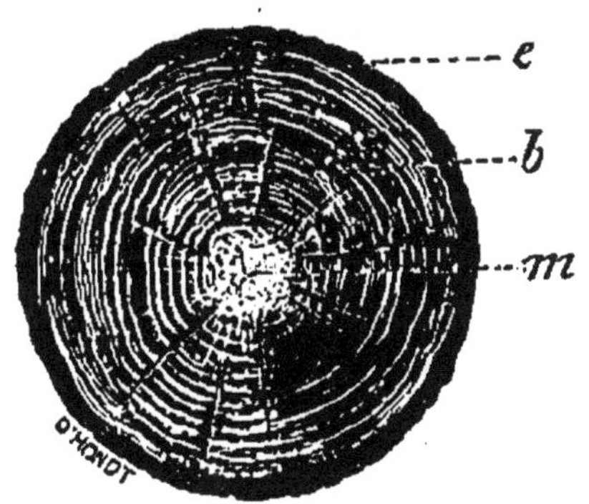

Fig. 1. — Coupe d'une tige d'arbre. — *e*, écorce ; *b*, bois ; *m*, moelle.

5. La tige. — La tige est la partie de la plante qui sort de terre et qui porte les feuilles, les bourgeons, les fleurs et les fruits.

Si l'on coupe une branche d'arbre, de chêne ou de poirier, par exemple, on distingue nettement trois zones dans la tige : à l'intérieur, la *moelle*, puis le *bois*, et extérieurement l'*écorce* (*fig.* 1).

Entre le bois et l'écorce se trouve une couche de faible épaisseur, qu'on appelle le *cambium* ou la *zone cambiale*.

C'est par la zone cambiale et les couches voisines que circule la *sève*, c'est-à-dire le liquide puisé par la plante dans le sol et chargé de principes nutritifs. C'est par cette zone que le végétal s'accroît en épaisseur pendant toute la belle saison.

Fig. 2. — Feuille. — *l*, limbe; *n*, nervure; *p*, pétiole.

6. La feuille; son rôle. — Les feuilles sont des lames vertes, généralement attachées à la tige par le *pétiole*; la lame verte s'appelle le *limbe* (*fig.* 2); le squelette du limbe est constitué par les *nervures* de la feuille.

La feuille est percée d'une multitude de petites ouvertures, qu'on appelle des *stomates* (*fig.* 3) et qui sont situées généralement à la partie inférieure du limbe.

L'intérieur de la feuille est mis, par les stomates, en communication avec l'atmosphère. L'eau absorbée dans le sol par les racines monte dans le végétal par la zone cambiale et s'échappe dans l'air par les stomates : c'est ainsi que la plante aspire constamment dans la terre de l'eau qui est chargée de principes nutritifs.

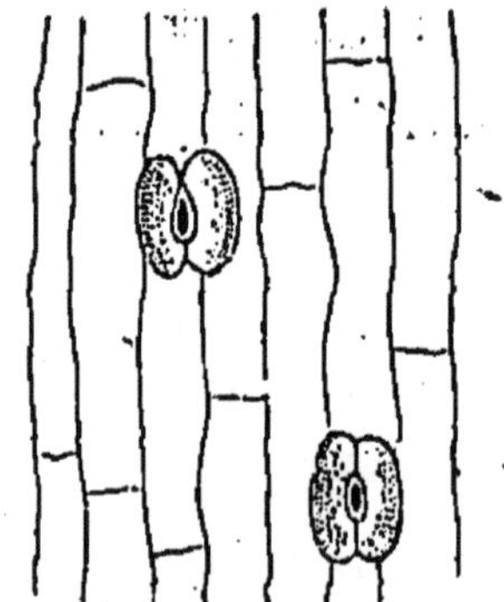

Fig. 3. — Stomates d'une feuille (très grossis).

7. La racine; son rôle. — La racine fixe le végétal au sol et puise dans la terre les aliments dont il se nourrit.

La racine peut être *pivotante* ou *fasciculée* (*fig.* 4).

Quelle que soit sa forme, la racine ressemble toujours à une sorte d'arbre souterrain qui se termine par un grand nombre de petits filaments, qu'on appelle des *radicelles*.

Les radicelles portent, vers leur extrémité, de petits poils, désignés sous le nom de *poils absorbants* (*fig.* 5). Ce sont ces poils qui absorbent dans le sol la nourriture de la plante. Cette nourriture se trouve le plus souvent en dissolution dans les eaux du sol; mais les poils portés par les racines sont capables parfois d'absorber certains principes nutritifs insolubles dans l'eau.

Toutes les parties du végétal qui se développent en terre ne sont pas des racines; la pomme de terre, par exemple, est un renfle-

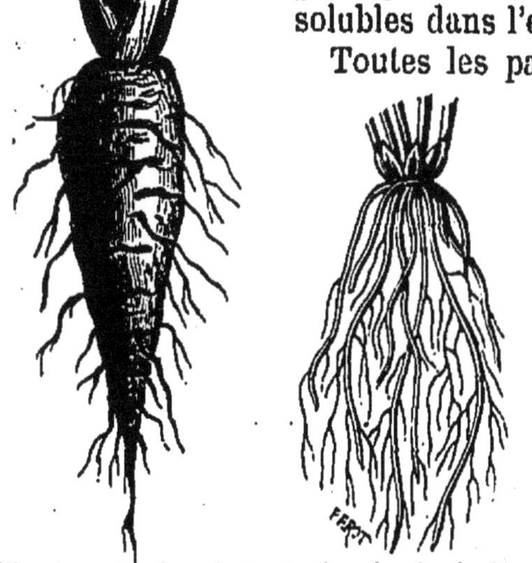

Fig. 4. — Racine pivotante et racine fasciculée.

Fig. 5. — Jeune pied de maïs; les radicelles portent des poils absorbants.

Fig. 6. — Les tubercules de la pomme de terre, A, B, sont constitués par des renflements des tiges souterraines de cette plante.

ment de tige souterraine, qu'on appelle *tubercule** (*fig.* 6); la partie comestible du céleri-rave est un renflement de tige qu'on appelle *rhizome**.

RÉSUMÉ

Le végétal doit trouver, dans le milieu où il est fixé, la nourriture nécessaire à son développement. La tige d'un arbre est formée de la moelle, du bois, du cambium et de l'écorce; elle s'accroît en épaisseur par le cambium. La feuille est percée d'ouvertures, les stomates, qui permettent à la plante de transpirer et, par suite, de puiser constamment dans le sol de l'eau chargée de principes nutritifs. Ce sont les poils absorbants, portés par les radicelles, qui puisent dans le sol ces principes nutritifs.

QUESTIONNAIRE

4. Qu'est-ce qui distingue un végétal d'un animal? — 5. Citez les différentes parties de la tige. — Qu'appelle-t-on cambium? — 6. De quoi est composée une feuille? — A quoi servent les stomates? — 7. Quel est le rôle de la racine? — A quoi servent les poils absorbants?

DEVOIR DE RÉDACTION

Description d'une feuille et d'une racine. Montrez le rôle de ces deux organes dans la vie de la plante.

Troisième leçon.

ALIMENTATION DE LA PLANTE

8. Aliments de la plante. Oxygène. Carbone. — On désigne sous le nom d'*aliments de la plante* les principes nutritifs indispensables au développement de tout végétal.

La plante trouve ces principes dans l'atmosphère et dans le sol.

Elle respire pendant toute sa vie, comme tous les êtres vivants, et absorbe ainsi de l'*oxygène**.

Pendant le jour seulement, les parties vertes de la

plante absorbent dans l'air de l'acide carbonique*; elles décomposent ce gaz et assimilent le *carbone** qu'il renferme. C'est ce carbone que nous retrouvons sous la forme de charbon lorsque nous brûlons du bois dans nos foyers.

Une plante privée de lumière ne peut assimiler du carbone; elle perd sa couleur verte : on dit qu'elle est *étiolée**.

9. Les aliments que la plante doit trouver dans le sol. — Les principes nutritifs que la plante doit trouver dans le sol sont : l'*azote**, l'*acide phosphorique**, la *potasse** et la *chaux**.

Si *un seul* de ces principes manque dans une terre, celle-ci est infertile.

Lorsqu'un sol renferme en quantité insuffisante l'un de ces principes nutritifs, les plantes qui y croissent acquièrent un faible développement.

Nous étudierons plus tard les matières que l'on peut introduire dans le sol pour y apporter les principes nutritifs que nous venons d'énumérer : ces matières sont désignées sous le nom d'*engrais* (nos **21** à **31**).

10. Travail accompli par la plante. — La plante, après avoir absorbé les principes nutritifs qui lui sont indispensables, combine ces principes entre eux, c'est-à-dire qu'elle les associe pour produire des corps très divers.

C'est ainsi que la betterave fabrique du *sucre* que nous retrouvons dans sa racine; le colza fabrique de l'*huile* que nous retrouvons dans sa graine; la pomme de terre fabrique de l'*amidon* ou *fécule**, qu'elle accumule dans ses tubercules*; la vigne produit dans ses fruits un jus sucré que nous transformons en *vin*.

Si les plantes n'existaient pas, nous serions privés de la plupart de ces produits, car elles seules savent les fabriquer.

11. La plante travaille pour l'homme. — L'homme utilise pour sa nourriture les produits fabriqués par la plante.

Les graines du blé lui donnent la farine, avec laquelle il prépare le pain, base de son alimentation. Les graines des plantes oléagineuses*, telles que le colza, la navette, etc., lui donnent l'huile; la racine de la betterave lui donne le sucre; les fruits de la vigne lui donnent le vin.

Il utilise pour sa consommation, les tiges (asperge), les feuilles (chou, salade), les tubercules* (pomme de terre), les racines (carotte, radis) des végétaux.

De plus, toute la viande qu'il consomme provient d'animaux qui ont été nourris exclusivement avec des matières végétales.

RÉSUMÉ

Les principaux aliments de la plante sont : l'oxygène et le carbone, qui sont puisés dans l'air; l'azote, l'acide phosphorique, la potasse et la chaux, qui sont absorbés dans le sol par les racines du végétal. La plante combine les principes qu'elle a absorbés pour fabriquer des corps très divers que l'homme utilise pour son alimentation; c'est la plante qui produit la farine, l'huile, le sucre, etc.; c'est elle qui nous permet d'élever et d'exploiter les animaux dont nous consommons la viande.

QUESTIONNAIRE

8. Citez les aliments que la plante absorbe dans l'air. — 9. Citez les principes nutritifs que la plante absorbe dans le sol. — Qu'arrive-t-il lorsqu'un seul de ces principes fait défaut dans le sol? — 10. Comment la plante utilise-t-elle les principes nutritifs qu'elle a absorbés? — 11. Montrez que la plante travaille pour l'homme.

DEVOIR DE RÉDACTION

Citez quelques principes nutritifs indispensables à la plante et montrez que la plante fabrique des produits indispensables à la nourriture de l'homme.

Quatrième leçon.

COMMENT LA PLANTE SE DÉVELOPPE

12. La graine. — Le végétal naît le plus souvent d'une graine.

Si l'on coupe un grain de blé, par exemple (*fig.* 7), on voit que l'enveloppe, assez épaisse, renferme une matière farineuse. A l'une des extrémités du grain, on peut apercevoir un petit corps : c'est le germe de la nouvelle plante, ou l'*embryon*.

Si l'on met ce grain en terre, l'embryon seul se développera et produira, en bas, des racines et, en haut, une ou plusieurs tiges : ce premier développement de l'embryon est désigné sous le nom de *germination* de la graine.

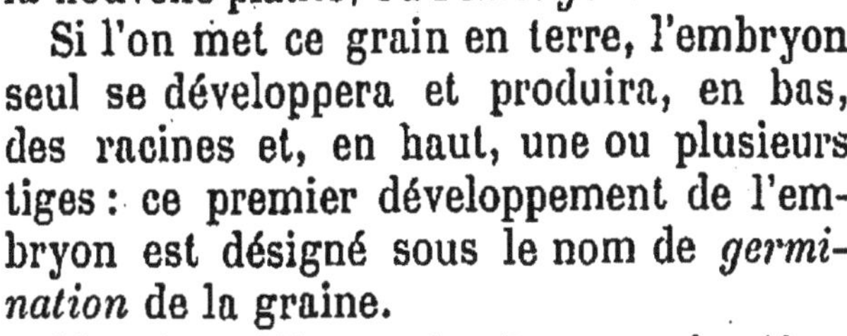

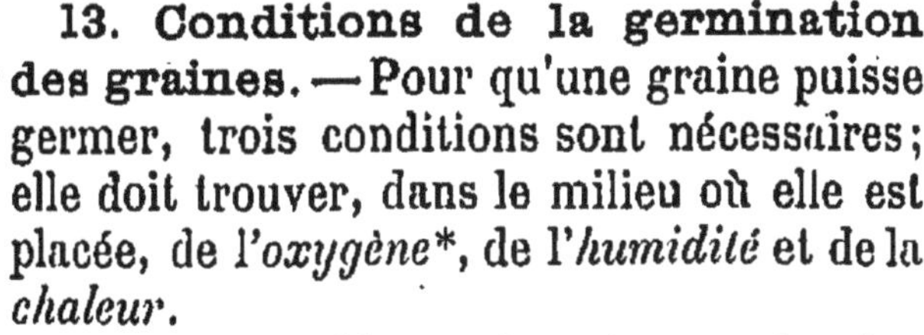

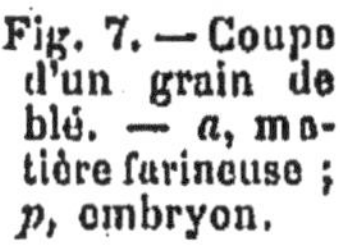

Fig. 7. — Coupe d'un grain de blé. — *a*, matière farineuse ; *p*, embryon.

13. Conditions de la germination des graines. — Pour qu'une graine puisse germer, trois conditions sont nécessaires ; elle doit trouver, dans le milieu où elle est placée, de l'*oxygène**, de l'*humidité* et de la *chaleur*.

L'oxygène* est indispensable pendant la germination parce que la jeune plante, née de l'embryon, respire comme tous les êtres vivants (8).

L'humidité ramollit les enveloppes de la graine et permet à l'embryon de se développer et à la jeune plante d'absorber sa nourriture.

Enfin, la chaleur est indispensable à la germination ; le blé, par exemple, ne germe pas au-dessous de 4 degrés.

14. Nutrition de la plante. — Pendant toute la durée de la germination, le jeune végétal prend sa nourriture dans la graine. La graine ressemble à l'œuf de l'oiseau. L'œuf de la poule, par exemple, renferme tout ce qu'il faut pour nourrir le jeune poussin pendant l'incubation* ; de même, la graine renferme tout ce qu'il faut pour nourrir la jeune plante pendant sa vie germinative.

Lorsque la germination est terminée, le végétal a déjà développé une petite tige et des racines. Celles-ci se subdivisent et pénètrent dans le sol en tous sens ; les poils absorbants qu'elles portent se collent à toutes les particules de la terre (*fig.* 8) pour sucer l'eau qui recouvre ces particules (7). Or cette eau, qui provient des pluies, a lavé les couches superficielles du sol; elle les a lessivées, en quelque sorte, et elle contient les principes dont la plante se nourrit (9).

15. Durée de la vie chez les plantes. — On distingue : les plantes *annuelles*, les plantes *bisannuelles* et les plantes *vivaces*.

Les plantes annuelles accomplissent en une année toutes les phases de leur végétation; elles naissent, fructifient et meurent en moins de douze mois. Exemples : les céréales*, le chanvre, le lin, le pois, etc.

Les plantes bisannuelles vivent pendant dix-huit mois. Exemples : la betterave, la carotte, etc. On les sème au printemps; jusqu'à l'hiver, elles travaillent pour accumuler dans leurs racines certains principes (10); l'année suivante, elles développent une tige qui fleurit et fructifie.

Fig. 8. — Très jeune pied de blé; les poils absorbants portés par les racines se collent aux grains de terre.

Les plantes vivaces vivent plusieurs années. Exemples : les herbes de nos prairies, les arbres de nos forêts, etc.

RÉSUMÉ

Toute graine renferme un embryon, c'est-à-dire le germe d'une plante analogue à celle qui a produit cette graine; pour que l'embryon se développe, il lui faut de l'oxygène, de l'humidité et de la chaleur. Pendant la germination, la jeune plante prend sa nourriture dans la graine; après la germination, la plante puise sa nourriture dans le sol au moyen de ses racines. Les plantes se divisent, au point de vue de leur durée, en plantes annuelles, plantes bisannuelles et plantes vivaces.

QUESTIONNAIRE

12. Comment est constituée la graine du blé? — Qu'appelle-t-on germination? — 13. Quelles sont les conditions de la germination des graines? — 14. Où la plante prend-elle sa nourriture pendant la germination? — après la germination? — 15. Quelle est la durée de la vie chez les plantes?

DEVOIR DE RÉDACTION

La germination des graines.

LECTURE

La vie des plantes.

A l'automne, on voit les feuilles tomber, les coteaux et les bois perdre leur parure. La vie des plantes annuelles s'est réfugiée dans les graines, celle des plantes vivaces dans les parties souterraines, c'est-à-dire les racines (betteraves ou carottes) ou les rhizomes et les tubercules (pommes de terre, topinambour).

Mais, chaque printemps, le même phénomène se renouvelle; les graines germent, des pousses se développent sur les racines et sur les tubercules que nous avons laissés dans le sol ou que nous avons même conservés en lieu sûr pour les planter ensuite à l'époque la plus favorable; les bourgeons de nos arbres et de nos arbustes éclatent; douillettement emmaillotés au milieu d'écailles protectrices, les jeunes rameaux garnis de feuilles et de fleurs déjà ébauchées y ont passé la longue série des mauvais jours: partout surgit splendidement la verdure printanière.

Les mauvaises herbes sont admirablement armées pour résister à nos attaques; il faut bien qu'il en soit ainsi, car autrement il n'y en aurait plus. Les graines dispersées sur le sol sont très capables de rester là sans germer, quoique les conditions que leur offrent les journées d'automne soient aussi favorables à la germination que celles du printemps. Elles échappent ainsi à notre attention.

Le bois de nos arbres subit une espèce de maturation, il s'aoûte. Chaque espèce, chaque variété ou race de la même espèce, passe dans cet état à une époque déterminée qui est beaucoup moins intimement liée au « temps qu'il fait » qu'on ne le croit généralement.

Au printemps, le phénomène inverse se produit. Dans la nature, chaque graine lève à son époque; les plantes vivaces sortent de terre les unes après les autres. Les uns après les autres, les arbres se couvrent de leur frondaison nouvelle. Chaque espèce, nous le répétons encore une fois, chaque race a sa date presque fixe que le bon ou le mauvais temps avance ou retarde difficilement de huit jours.

J. VESQUE,
Journal *L'Agriculture nouvelle.*

Cinquième leçon.

LE SOL

16. Le sol. — On appelle *sol* ou *couche arable* la partie de la terre que la charrue retourne ; au-dessous se trouve le *sous-sol.*

L'étude du sol est pour le cultivateur de toute première importance, car le sol est l'atelier où il travaille. Il sème ses graines dans un sol soigneusement préparé et bien nettoyé des mauvaises plantes qui pourraient gêner la croissance des plantes utiles.

C'est dans le sol que la plante puise sa nourriture. Si une terre n'est pas suffisamment riche en éléments nutritifs, le cultivateur peut y ajouter ces éléments sous la forme d'engrais (9).

Le sol est formé de quatre éléments, diversement associés : le sable, l'argile, le calcaire et l'humus.

17. Les terres sableuses. — Les terres sableuses sont celles où le sable domine. Ces terres sont généralement *perméables*, c'est-à-dire qu'elles ne retiennent pas l'eau. Les plantes qui y croissent ont à souffrir souvent de la sécheresse.

Les terres sableuses sont faciles à travailler ; elles conviennent particulièrement aux maraîchers*, qui donnent à leurs cultures des soins et des arrosages répétés.

Dans les terres sableuses, les engrais sont facilement entraînés par les pluies dans les profondeurs du sous-sol. Il faut donner à ces terres peu d'engrais à la fois et répéter souvent cette opération.

18. Les terres argileuses. — L'argile est un *ciment* qui colle entre elles les différentes particules du sol. On peut faire avec de l'argile une pâte liante ; c'est avec une pâte argileuse que sont fabriquées les poteries.

Les terres argileuses, c'est-à-dire celles où l'argile domine, sont, en général, *imperméables ;* elles retiennent l'eau très facilement.

Ces terres sont toujours difficiles à cultiver; en été, à la suite de la sécheresse, le sol se durcit; en hiver, après quelques pluies, la terre, semblable à une pâte liante, se colle aux instruments de culture.

19. Les terres calcaires. — Le *calcaire* ou *carbonate de chaux* est un corps composé, formé de la combinaison* de l'acide carbonique* et de la chaux*. Les terres calcaires sont généralement meubles*, parfois sans consistance. Mais certaines terres calcaires renferment de l'argile et possèdent une compacité* suffisante pour permettre d'y établir de bonnes prairies naturelles.

Fig. 9. — La terre calcaire fait effervescence quand on l'arrose avec un acide.

Pour reconnaître si une terre est calcaire, on l'arrose avec un acide ou du fort vinaigre; si elle renferme du calcaire, il se produit une *effervescence*, c'est-à-dire un dégagement de bulles gazeuses (*fig.* 9).

20. L'humus. — L'*humus* ou *terreau* est une matière noirâtre qui provient généralement de la décomposition des végétaux; le fumier très décomposé renferme beaucoup d'humus; les débris de plantes laissés dans le sol après la récolte, les racines, les tiges, les feuilles, etc., se décomposent et se transforment en humus.

L'humus a la propriété de rendre les terres sableuses plus compactes et les terres argileuses moins compactes; c'est donc une matière précieuse puisqu'elle permet de corriger les défauts des terres sableuses et des terres argileuses.

L'humus renferme les divers principes nutritifs des plantes (9).

RÉSUMÉ

Le sol est la partie de la terre que la charrue retourne; il est formé de quatre éléments : le sable, l'argile, le calcaire et l'humus. Les terres sableuses sont perméables et faciles à cultiver; les terres argileuses sont imperméables et difficiles à cultiver. On peut corriger les défauts de ces terres en y introduisant des matières renfermant de l'humus; l'humus provient de la décomposition des végétaux.

QUESTIONNAIRE

16. Qu'appelle-t-on sol et sous-sol? — Quels sont les éléments qui constituent le sol? — 17. Quels sont les caractères des terres sableuses? — 18. Quelles sont les propriétés de l'argile? — Quels sont les caractères des terres argileuses? — 19. Comment peut-on reconnaître si une terre est calcaire? — 20. Qu'est-ce que l'humus? — Quelles sont les propriétés de l'humus.

DEVOIR DE RÉDACTION

Indiquez quels sont les caractères de la terre sableuse, de la terre argileuse et de la terre calcaire.

CHAPITRE II

Engrais et amendements.

Sixième leçon.

LE FUMIER

21. Utilité des engrais. — Les plantes enlèvent chaque année de nos champs des principes nutritifs qu'elles utilisent pour leur développement (9). Une récolte de 15 hectolitres de blé enlève à un hectare de terre environ 40 kilogrammes d'azote*, 15 kilogrammes d'acide phosphorique* et 20 kilogrammes de potasse*.

Si le cultivateur ne prend pas soin d'ajouter au sol ces divers principes nutritifs, il arrivera bientôt que ses terres seront si pauvres qu'elles ne donneront plus que des végétaux rabougris.

Pour conserver la fertilité de ses terres, le cultivateur

doit *restituer au sol tous les éléments qui sont enlevés par les récoltes.* Il opère cette restitution au moyen des *engrais.*

L'engrais est la matière utile à la plante qui manque au sol.

22. Le fumier. Le purin. — Le fumier provient du mélange des litières et des excréments des animaux.

On emploie généralement les pailles comme litières; mais on peut utiliser dans le même but la tourbe, la sciure de bois, les feuilles des arbres ramassées dans la forêt par un temps sec, etc.

L'urine des animaux subit au bout de peu de temps une fermentation* et constitue alors le *purin.*

La partie la plus riche du fumier est le purin.

23. Disposition du tas de fumier. — Quand les

Fig. 10. — Plate-forme à fumier et fosse à purin.

litières ont séjourné quelque temps sous les animaux, on les enlève pour les conduire au *tas de fumier*. Mais il faut avoir bien soin de recueillir le purin : c'est pour cela qu'il doit y avoir, à côté du tas, une *fosse à purin* parfaitement étanche* (*fig.* 10). Cette fosse communique, par des caniveaux, avec l'étable et l'écurie, qui doivent être pavées ou bétonnées* : une telle disposition permet de recueillir le purin et d'assainir les locaux habités par les animaux.

Le tas de fumier doit reposer sur un sol imperméable, garni de béton* ou de terre argileuse bien tassée.

24. Fabrication du fumier; emploi de cet engrais. — Le tas de fumier peut perdre une grande partie des principes nutritifs qu'il renferme.

Pour éviter ces pertes, il suffit de tasser soigneusement le fumier et de l'arroser régulièrement chaque semaine avec le purin. Ainsi traité, le fumier se transforme en une matière noire qui contient beaucoup de ce principe utile que nous avons étudié sous le nom d'humus (20).

Puisque le fumier est fabriqué avec des végétaux qui proviennent de nos champs, il renferme évidemment les divers éléments qui ont servi de nourriture à ces végétaux. C'est donc un *engrais complet*, qui contient tous les principes nutritifs nécessaires au développement de la plante (9).

Le fumier est conduit dans les champs où on le dépose en petits tas appelés fumerons; puis on le répand uniformément sur le sol et on l'enterre aussitôt que possible à la charrue.

Le purin doit être également conduit dans les champs, car c'est un engrais très actif.

25. Le compost. — Le compost est formé de matières très diverses : feuilles, pailles, débris de plantes, balayures de cour et de ménage, etc. On réunit toutes ces matières en tas et l'on y ajoute parfois de la terre où une petite quantité de chaux*. Le compost doit être soigné comme le fumier; il faut le tasser et l'arroser régulièrement.

RÉSUMÉ

Pour conserver la fertilité de ses terres, le cultivateur doit rendre au sol tous les principes nutritifs qui lui sont enlevés chaque année par les récoltes. Il opère cette restitution au moyen des engrais. La partie la plus riche du fumier est le purin; il faut recueillir soigneusement ce liquide et l'utiliser pour arroser le fumier, afin d'obtenir beaucoup de cette matière noire désignée sous le nom d'humus. Le fumier est un engrais complet, qui contient tous les principes nécessaires au développement de la plante.

QUESTIONNAIRE

21. A quoi servent les engrais? — 22. Qu'appelle-t-on fumier? — purin? — 24. Comment fabrique-t-on le fumier? — Comment l'emploie-t-on? — 25. Qu'appelle-t-on compost?

DEVOIR DE RÉDACTION

Dites comment on doit fabriquer le fumier et montrez quelle est la valeur de cet engrais.

LECTURE

Les litières.

Les pailles des céréales, les tiges ou les fanes de quelques plantes de la grande culture, les feuilles ramassées dans les forêts, les mauvaises herbes, contribuent à augmenter la masse des engrais.

Les pailles sont généralement employées comme litières; leur conformation creuse et tubulaire, en leur permettant de s'imbiber de liquide, les rend précieuses sous ce rapport; elles procurent d'ailleurs aux animaux un coucher doux, en même temps qu'elles les préservent du froid. La paille sèche peut doubler son poids en absorbant les urines et les déjections.

Les fanes des légumineuses sont beaucoup plus azotées que les pailles des céréales : le mieux est certainement de les faire consommer comme aliment quand elles ne sont pas trop ligneuses et trop coriaces. Comme litières, elles ont souvent l'inconvénient de présenter un mauvais coucher au bétail; aussi convient-il de ne pas les employer seules. Les fanes utilisées de la sorte offrent un double avantage : elles ajoutent aux engrais une forte proportion de principes utiles, et, en outre, elles permettent d'économiser la paille.

Les fanes des plantes à cosses, les tiges très ligneuses ont, comme litières, d'assez graves inconvénients; elles sont assez rigides pour gêner les animaux : leur épiderme coriace est un obstacle à l'imbibition des urines.

Dans les pays de forêts, les feuilles d'arbres sont presque toujours utilisées en litières; elles absorbent sans doute moins d'urine que la paille; mais, comme elles sont beaucoup plus azotées, elles ajoutent à la qualité des fumiers. Par l'effet des circonstances naturelles, une grande partie des feuilles est distraite du sol de la forêt : le vent les chasse et les accumule dans les ravins, d'où elles sont ensuite entraînées par les eaux.

Mieux vaut donc que les pauvres cultivateurs en profitent, et les bénéfices qu'ils en retirent leur paraissent d'autant plus considérables qu'ils comptent pour rien la peine qu'ils se donnent et le temps qu'ils mettent à les ramasser.

BOUSSINGAULT,
Economie rurale.

Septième leçon.

AUTRES ENGRAIS

26. Les engrais verts. — On désigne sous ce nom des *récoltes* qui sont enfouies à l'état vert dans le sol, où elles servent comme engrais. Les plantes utilisées dans ce but rassemblent dans leurs tissus les principes nutritifs qui sont dans le sol où elles se développent, et mettent ces principes à la disposition des plantes de la culture suivante.

Il ne faut employer, pour la production des engrais

Fig. 11.

Le pois (légumineuse) absorbe l'azote atmosphérique. Le colza (crucifère) n'absorbe pas l'azote atmosphérique.

verts, que des végétaux de la famille des *légumineuses**, parce que ces végétaux peuvent absorber l'*azote** de l'air (*fig.* 11); cet azote ne coûte rien au cultivateur. Les principales légumineuses* employées comme engrais verts sont : le pois, la vesce, le trèfle, le lupin, etc. ; toutes ces plantes, enfouies en vert, enrichissent le sol en azote.

La pratique des engrais verts n'est pas à recommander dans les terrains riches, car cette pratique prive le cultivateur d'une récolte vendable ou utilisable dans l'exploitation.

27. Les résidus d'industrie. — Les industries qui emploient des matières agricoles laissent des résidus qui sont généralement de bons engrais.

C'est ainsi que les *tourteaux** renferment de l'azote* et de l'acide phosphorique* ; ceux qui n'ont pas de mauvais goût sont utilisés pour l'alimentation du bétail, les autres sont employés comme engrais.

Le *sang desséché*, la *viande desséchée*, préparée dans les clos d'équarrissage*, la *corne torréfiée*, sont des matières riches en azote*.

Les *os* renferment de l'acide phosphorique*.

Le *marc* de raisin a une valeur au moins égale à celle du bon fumier ; le marc de pommes est un peu moins riche.

28. Les engrais commerciaux. — Le commerce livre des engrais qui ne renferment généralement qu'un principe nutritif, soit l'azote*, soit l'acide phosphorique*, soit la potasse*. Ces engrais permettent au cultivateur d'introduire dans ses terres l'élément ou les éléments qui leur manquent.

Parmi les engrais azotés, il faut citer le *nitrate de soude**, très employé en couverture*, au printemps, sur les blés qui ont souffert de l'hiver et dont la végétation est faible ; le nitrate de soude, qui nous vient du Pérou (Amérique), est un sel blanc, ressemblant au sel de cuisine.

Parmi les engrais renfermant de l'acide phosphorique, il faut citer le *phosphate naturel**, le *superphosphate**, etc. : l'agriculture française emploie chaque année de grandes quantités de superphosphate.

Enfin, le commerce livre deux engrais riches en potasse : le *chlorure de potassium** et le *sulfate de potasse**.

29. Emploi des engrais commerciaux. — Le cultivateur ne doit introduire ces engrais dans une terre que si les éléments qu'ils renferment manquent à cette terre : il est inutile d'introduire des engrais potassiques, par exemple, dans un sol suffisamment riche en potasse.

Le cultivateur doit donc étudier sa terre ou la faire étudier par un chimiste, dans une *station agronomique**, par exemple; le chimiste, après avoir analysé la terre, indiquera au cultivateur quels sont les principes nutritifs qu'il doit y introduire.

Les engrais livrés par le commerce peuvent être fraudés. L'agriculteur qui les utilise doit demander au marchand la *garantie* de leur richesse. Il pourra toujours les acheter dans de bonnes conditions en s'adressant au *Syndicat agricole** de sa région.

RÉSUMÉ

La pratique des engrais verts n'est à recommander que dans les terrains pauvres; on ne doit employer comme engrais verts que des plantes de la famille des légumineuses. Le sang desséché, la corne torréfiée, la viande desséchée, les os, constituent des matières fertilisantes très actives. Les principaux engrais commerciaux sont : le nitrate de soude, riche en azote; les phosphates, les superphosphates, etc., riches en acide phosphorique; et les sels de potasse. Tous ces engrais, qui coûtent cher, doivent être employés judicieusement.

QUESTIONNAIRE

26. Qu'appelle-t-on engrais verts? — Quelles sont les plantes à employer comme engrais verts? — 27. Citez quelques résidus d'industrie qui sont de bons engrais. — 28. Citez quelques engrais commerciaux. — 29. Quelles sont les règles à suivre dans l'emploi des engrais?

DEVOIR DE RÉDACTION

Quels sont les engrais commerciaux que vous connaissez? Dites ce que vous savez sur chacun d'eux.

Huitième leçon.

AUTRES ENGRAIS (*suite*). AMENDEMENTS

30. Les cendres. — Les *cendres de bois* renferment, sauf l'azote*, tous les éléments que les plantes doivent trouver dans le sol pour leur nourriture. Elles sont surtout riches en *potasse**; mais leur composition est très variable suivant qu'elles proviennent de telle ou telle espèce de bois, et suivant que ce bois a végété dans tel ou tel terrain.

Quand les cendres ont été lavées, elles ne renferment presque plus de potasse*; ce principe a passé dans les eaux de lavage. Dans les ménages où les cendres sont utilisées pour les lessives de linge, il faut recueillir les eaux de lessive et les conduire à la fosse à purin (23).

Mais les cendres lessivées, qu'on appelle *charrées*, renferment encore de l'acide phosphorique* et de la chaux*.

Les cendres de houille ont très peu de valeur; elles ne contiennent presque pas de potasse et d'acide phosphorique.

31. Amendements. La chaux. — On désigne sous le nom d'*amendements* deux matières, la chaux* et la marne, qui sont employées pour modifier la nature de certaines terres.

La chaux est un des principes nutritifs de la plante (9). Dans le sol, la chaux se transforme en carbonate de chaux ou calcaire (19).

Or il existe des terrains où le calcaire fait défaut; dans ces terrains, l'humus s'accumule sans profit pour les plantes (20); la terre est parfois de coloration noirâtre; on la désigne sous le nom de terre humifère, de terre tourbeuse, etc. Certaines terres, sans être tourbeuses, manquent aussi de calcaire.

C'est dans ces sortes de terrains que l'on introduit la chaux : cette opération s'appelle le *chaulage*.

Tout chaulage doit être accompagné d'une bonne fumure.

32. La marne. — On appelle *marne* une sorte de terre composée de calcaire (19) et d'argile (18). On conduit la marne dans les sols pauvres en chaux, où elle agit par le calcaire qu'elle renferme.

La marne a des effets à peu près analogues à la chaux; mais leur intensité est plus faible. Les effets d'une marne dépendent de sa richesse en calcaire.

33. Le plâtre. — Le plâtre* est surtout employé en couverture* sur les prairies artificielles*, composées de *légumineuses** : la luzerne, le sainfoin, le trèfle. On le répand au printemps, à la volée, par un temps calme; on choisit une matinée humide. Les résultats obtenus sont presque toujours très frappants : les feuilles des légumineuses qui l'ont reçu sont plus nombreuses et plus développées.

Sur les prairies naturelles*, composées en grande partie de *graminées**, le plâtre ne produit généralement aucun effet, de même que sur les céréales* et les plantes cultivées pour leurs racines (betterave) ou leurs tubercules* (pomme de terre).

RÉSUMÉ

Les cendres de bois renferment deux principes nutritifs des végétaux : la potasse et l'acide phosphorique; les cendres lessivées ne renferment plus de potasse; les cendres de houille ont très peu de valeur. La chaux et la marne sont employées dans les terrains où le calcaire fait défaut; chaque chaulage doit être accompagné d'une bonne fumure. Le plâtre est employé au printemps sur les prairies artificielles.

QUESTIONNAIRE

30. Quelles différences faites-vous entre les cendres de bois non lessivées, les cendres lessivées et les cendres de houille? — 31. Qu'appelle-t-on amendement? — A quoi sert la chaux en agriculture? — 32. Qu'est-ce que la marne? — 33. Comment utilise-t-on le plâtre?

DEVOIR DE RÉDACTION

Comment la ménagère agricole doit-elle utiliser les cendres produites chaque jour par la combustion du bois?

CHAPITRE III

Les cultures.

Neuvième leçon.

LES ASSOLEMENTS

34. Ce qu'on entend par assolement. — Un agriculteur qui cultiverait dans ses terres, sur des surfaces égales, du *blé*, de l'*avoine* et du *trèfle*, par exemple, devrait partager son domaine en trois parties égales, appelées *soles*. Sur chacune de ces surfaces se succéderaient les trois récoltes indiquées ci-dessus, et chaque récolte reviendrait tous les trois ans sur la même terre.

Le mot *assolement* exprime à la fois en combien de soles est divisée l'exploitation et combien il s'écoule d'années entre deux cultures de la même plante sur la même terre.

Il existe des assolements de deux ans, de trois ans, de quatre ans, etc.

35. Pourquoi on doit alterner les cultures. — Lorsqu'on cultive toujours du blé sur la même terre, il arrive, au bout d'un certain temps, que la culture de cette céréale* est infestée de mauvaises plantes : le chardon, la moutarde sauvage, le coquelicot, etc. Il est presque impossible d'enlever, par des sarclages, toutes les herbes qui accompagnent le blé ; ces herbes mûrissent leurs graines avant la moisson et ensemencent le sol pour l'année suivante.

On évite cet inconvénient en cultivant, après le blé, une plante, comme la betterave, qui exige divers binages pendant sa végétation ; par ces binages, on détruit facilement les mauvaises herbes avant leur fructification et le sol se trouve bien nettoyé et bien préparé pour une nouvelle culture de céréale*. Les plantes, comme la betterave, la pomme de terre, etc., qui exigent divers binages pendant leur végétation, s'appellent des *plantes sarclées.*

La culture continue d'une même plante épuise vite le sol, parce qu'elle lui enlève toujours les mêmes éléments nutritifs. A ce point de vue, on voit combien il importe d'alterner sur une même terre des cultures ayant des exigences différentes en éléments fertilisants.

36. Assolement de deux ans. La jachère. — Un assolement de deux ans, très ancien, adopté encore de nos jours dans quelques contrées, est le suivant : *blé, jachère.*

Après la récolte de blé, le sol est laissé improductif pendant une année : on dit que la terre est en *jachère.* Pendant cette année, le sol reçoit divers labours qui le nettoient parfaitement des mauvaises plantes qu'il porte. C'est là le seul avantage de la jachère. Mais nous savons qu'on peut arriver à bien nettoyer le sol en y cultivant une plante sarclée (35).

La jachère a de sérieux inconvénients, car elle exige des travaux et ne fournit pas de produit ; la récolte de blé qui suit doit payer tous les frais d'entretien de la jachère ; le blé obtenu revient très cher au cultivateur.

37. Assolements de trois ans, de quatre ans. — Les assolements de trois ans sont très nombreux. Par exemple, dans la Beauce : blé, avoine, trèfle. Dans les pays producteurs de céréales*, l'assolement suivant est quelquefois en usage : blé, avoine, jachère. La jachère, ici comme dans l'assolement de deux ans étudié plus haut, a plus d'inconvénients que d'avantages.

Voici un assolement de quatre ans très répandu et très recommandé : blé, plante sarclée, avoine, trèfle.

RÉSUMÉ

On alterne diverses cultures sur la même terre : 1° parce que la terre est plus facile à entretenir en bon état ; 2° parce que cette terre s'épuise moins vite que si elle produisait toujours la même plante. Il existe des assolements de deux ans, de trois ans, de quatre ans, etc. La jachère permet de bien nettoyer le sol; mais elle laisse la terre improductive; elle présente, en général, plus d'inconvénients que d'avantages.

QUESTIONNAIRE

Expliquez ce qu'on entend par assolement. — 35. Pour quelles raisons le cultivateur doit-il adopter un assolement? — 36. Quels sont les avantages et les inconvénients de la jachère? — 37. Citez un assolement de trois ans; — un assolement de quatre ans.

DEVOIR DE RÉDACTION

Expliquez ce que c'est que la jachère et dites quels sont les avantages et les inconvénients de cette pratique agricole.

Dixième leçon.

QUELQUES TRAVAUX AGRICOLES

38. A quoi servent les labours. — Les labours ont pour but de débarrasser le sol des mauvaises herbes qui l'envahissent.

Ils ameublissent* la terre et facilitent la pénétration des racines dans la couche arable. Sur une terre non cultivée, par conséquent très dure, une graine peut bien germer (13); mais les racines de la jeune plante, née de cette graine, ne peuvent aisément pénétrer dans le sol; elles procureront difficilement au végétal sa nourriture.

Les labours aèrent le sol : une terre dans laquelle l'air ne pénètre pas perd peu à peu sa fertilité.

Enfin les labours servent à enterrer quelques-unes des graines confiées au sol.

39. La charrue. —Les labours s'exécutent au moyen de la charrue (*fig.* 12).

La charrue se compose : d'un *soc*, qui détache en dessous la bande de terre à retourner; d'un *coutre*, qui détache la bande de terre latéralement, au moins pour la partie superficielle; d'un *versoir*, qui retourne la bande de terre. Ces trois pièces sont fixées à l'*âge* de la charrue. L'âge porte, à l'arrière, les mancherons à l'aide desquels le laboureur peut conduire la charrue. L'avant-train est muni d'un *régulateur*, qui permet de régler la profondeur et la largeur du labour.

Fig. 12. — Charrue ordinaire. — A, soc; B, coutre; C, versoir; D, âge; E, mancherons; F, avant-train.

40. La herse et le rouleau. — On emploie la *herse* (*fig.* 13) pour ameublir* le sol après un labour, pour enterrer certaines semences, pour rassembler les mauvaises herbes extirpées par la charrue, et pour enlever les mousses qui recouvrent les prairies*.

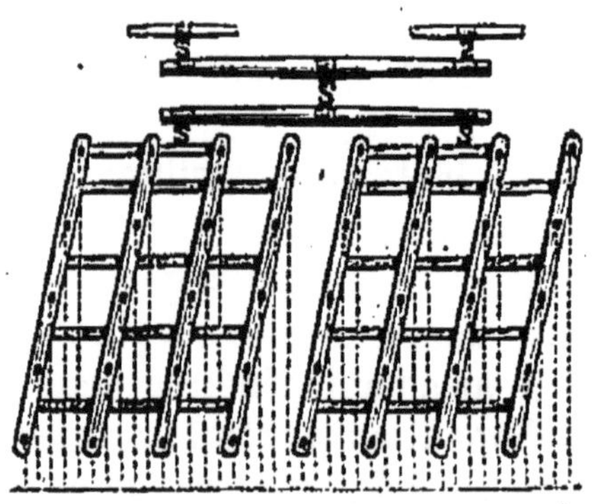

Fig. 13. — Herse.

Le rouleau (*fig.* 14) sert à comprimer la terre et à former une surface bien unie, sur laquelle peuvent travailler les faucheuses et les moissonneuses.

41. Nettoyage des terres. — Les terres sont souvent infestées de mauvaises plantes, variables avec le climat, la nature du sol, etc. Il faut toujours débarrasser le sol de ces plantes qui prennent la place et la nourriture des végétaux utiles.

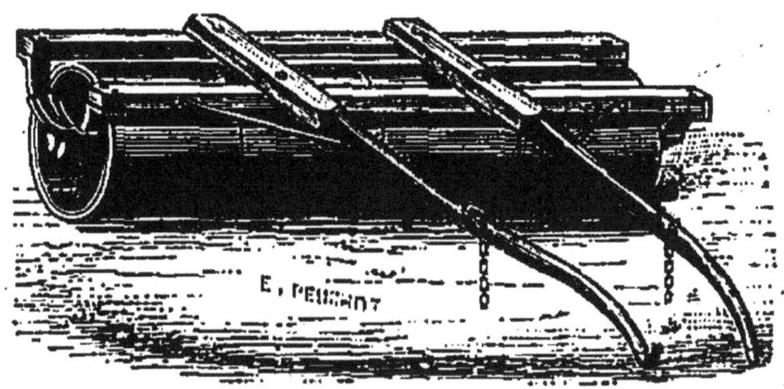

Fig. 14. — Rouleau.

Au printemps, il faut enlever à la main des champs de céréales* les coquelicots, les bleuets, la moutarde sauvage, le chardon, etc.; c'est l'opération du *sarclage*.

Dans les cultures en lignes, on pratique des *binages* à la houe; on détruit ainsi toutes les mauvaises plantes qui se sont développées entre les lignes.

RÉSUMÉ

Les labours servent à aérer le sol, à l'ameublir et à le débarrasser des mauvaises herbes; ils sont exécutés au moyen de la charrue; les différentes pièces de la charrue sont : le soc, le coutre, le versoir, l'âge et les mancherons. Pour compléter le travail d'ameublissement commencé par la charrue, on se sert de la herse. Le rouleau tasse le sol et l'aplanit. Par des sarclages et des binages, on enlève du sol les mauvaises plantes qui prennent la place et la nourriture des plantes utiles.

QUESTIONNAIRE

38. A quoi servent les labours? — 39. Quelles sont les différentes parties de la charrue? — 40. A quoi sert la herse? — le rouleau? — 41. Quelles sont les opérations que l'on exécute dans le but de nettoyer les terres des mauvaises herbes?

DEVOIR DE RÉDACTION

Quels sont les instruments agricoles que vous connaissez? à quoi servent ces instruments ?

LECTURE

La ménagère agricole.

Qui peut se méprendre sur la part qui revient à la ménagère dans les succès agricoles? Non seulement c'est elle qui est l'arbitre de la consommation intérieure de la ferme, qui peut la rendre économique ou ruineuse, qui prend soin de tout le détail de la basse-cour, de la laiterie, qui en reçoit et vend les produits, mais encore c'est elle qui peut rendre la vie de son mari douce et heureuse, qui le soutient dans ses revers et accroît la joie de sa réussite; c'est elle qui, par ses qualités, prévient le mécontentement des subordonnés, leur fait supporter leurs peines, les intéresse à leurs travaux. Nous avons vu souvent des fermes en décadence avec un tenancier excellent, mais dont la femme était méchante, tracassière, négligente; tandis qu'un tenancier médiocre prospérait quand, par son activité, sa bonne tenue, son adresse, la femme savait inspirer aux gens de la ferme du zèle pour ses intérêts. Les valets, avant de se louer, s'informent surtout du caractère de la femme de ménage, et, si elle a une mauvaise réputation, la ferme ne trouve que les hommes de rebut qui ne peuvent se placer ailleurs. Nous ferions volontiers subir une variation à un proverbe connu et nous dirions : Tant vaut la femme, tant vaut la terre.

De Gasparin,
Cours d'agriculture, t. V, p. 444.

LE JARDIN POTAGER

CHAPITRE PREMIER

Notions générales sur le potager.

Onzième leçon.

LE POTAGER

42. Le jardin à la campagne. — A la campagne, chaque cultivateur possède près de sa maison d'habitation un petit terrain destiné à la production des légumes : ce terrain prend le nom de *potager*.

La ménagère agricole est chargée de la direction du potager ; elle fait exécuter les gros travaux, tels que les labours, la préparation du sol, etc. ; elle surveille ou exécute elle-même les petits travaux, tels que les ensemencements, les sarclages, les arrosages, la récolte des légumes, etc.

Lorsque le jardin potager est cultivé judicieusement, il procure à la ménagère, pendant toute l'année, des légumes qui lui permettent de varier l'alimentation de la famille.

A la campagne, le jardin est généralement planté de quelques arbres fruitiers bien choisis.

43. Emplacement du jardin potager. — On choisit généralement, pour l'établissement du potager, un terrain situé près de la maison d'habitation et abrité, par une haie ou un mur, des vents froids du nord et des rafales de l'ouest.

Un réservoir d'eau doit se trouver au voisinage du potager, car on n'obtient de bons et de beaux légumes que par des arrosages répétés. Les arrosages ne sont efficaces que si l'eau peut pénétrer et circuler facilement dans la couche arable; par conséquent, le sol qui convient le mieux pour la culture des légumes est un sol *perméable*, sans excès (17).

L'étendue du potager peut varier entre cinq et dix ares pour une famille composée de cinq personnes. La surface d'un jardin doit être plutôt restreinte, mais bien cultivée.

44. Préparation du sol. — On prépare le terrain du potager pour la culture des légumes par un labour de *défoncement*.

Le défoncement, dont la profondeur est, en général, de 0m,60, doit être effectué à la veille de l'hiver. On l'exécute à la pioche et à la pelle, de façon que toute la couche de terre soit bien remuée.

L'ouvrier qui effectue le travail de défoncement extrait soigneusement du sol les pierres et les débris de végétaux qui peuvent s'y trouver : si la terre renferme quelques pieds de chiendent, on enlève cette plante à la main et on la transporte hors du potager (*fig.* 15).

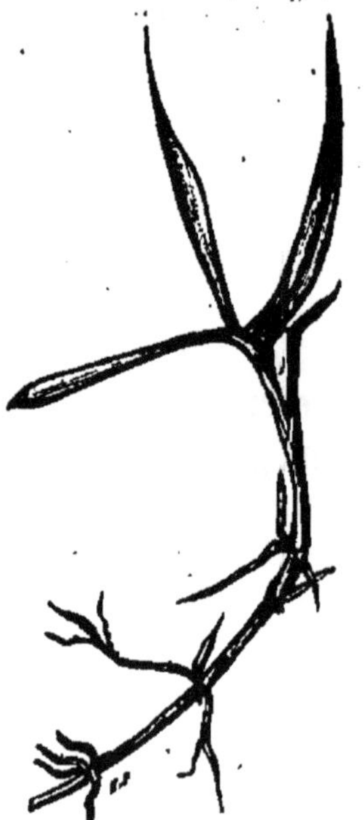

Fig. 15. — Le chiendent. — Cette plante vivace se propage par les fragments de sa tige souterraine appelée rhizome*; il faut l'extraire soigneusement du sol et la brûler sur place ou la transporter hors du potager.

Lorsque le défoncement est terminé, on procède au nivellement du terrain et au *tracé des allées* du potager.

On donne aux allées une forme bombée pour permettre aux eaux de pluie de s'écouler facilement; les allées sont ainsi toujours saines et propres.

RÉSUMÉ

Le jardin potager procure à la ménagère, en toute saison, des légumes en abondance. Le potager doit être abrité au nord et à l'ouest; le terrain qui convient le mieux est un sol perméable sans excès. On prépare le terrain à la culture des légumes par un labour de défoncement exécuté à la veille de l'hiver : à ce moment, on nivelle le sol et on trace les allées.

QUESTIONNAIRE

42. Qu'appelle-t-on jardin potager? — Montrez l'importance du jardin potager à la campagne. — 43. Quel est le terrain qui convient à la culture des légumes? — Quelle doit être l'étendue du potager? — 44. Quels sont les travaux de préparation du sol à exécuter chaque année dans un potager?

DEVOIR DE RÉDACTION

Comment doit-on choisir le terrain destiné au potager? — Comment prépare-t-on le sol pour la culture des légumes?

LECTURE

La ménagère doit diriger le potager.

Le chef de l'exploitation est trop distrait par ses occupations les plus importantes pour pouvoir se livrer lui-même à diriger les travaux du jardin et surtout à surveiller les ouvriers qui les exécuteront.

Je ne connais qu'un moyen pour la culture économique d'un jardin dans une ferme, c'est que la fermière en prenne elle-même la direction. Par la nature même des choses, cette branche de l'économie rurale entre dans ses attributions; ses occupations sédentaires lui permettent d'avoir toujours l'œil sur le jardin, pourvu qu'il soit immédiatement attenant à la maison d'habitation; elle peut y utiliser de la manière la plus profitable les instants que les autres occupations du ménage laissent libres, soit pour elle, soit pour les servantes de la ferme; enfin personne ne connaît mieux qu'elle les besoins du ménage en légumes divers et pour chaque saison de l'année, en sorte que personne n'est plus à portée qu'elle de diriger les cultures de manière à assurer un approvisionnement constant. Aussi, si l'on rencontre une ferme qui se fait distinguer par un jardin potager plus étendu et plus soigné que les autres, que l'on prenne des informations, et l'on reconnaîtra toujours que c'est la ménagère qui en dirige la culture.

A toutes celles qui voudront prendre ce soin, je promets la plus agréable distraction à leurs travaux intérieurs, et une source de bien-être qui fera bientôt pour elles, de la culture du jardin, l'occupation la plus douce et la plus attrayante.

MATHIEU DE DOMBASLE,
Calendrier du bon cultivateur.

Douzième leçon.

CLASSIFICATION DES LÉGUMES

45. Comment on peut classer les légumes. — La plupart des plantes cultivées comme légumes peuvent être rangées en *trois catégories*, d'après les produits qu'elles donnent et surtout d'après leurs exigences en principes fertilisants :

1° Plantes cultivées pour leurs feuilles ;

2° Plantes cultivées pour leurs racines, leurs bulbes* ou leurs tubercules* ;

3° Plantes cultivées pour leurs graines.

Certaines plantes du potager, telles que l'asperge, l'artichaut, le fraisier, etc., ne peuvent être classées dans l'une ou l'autre de ces catégories ; elles seront étudiées à part.

46. Légumes cultivés pour leurs feuilles. — Les légumes cultivés pour leurs feuilles sont : les choux, les salades, les épinards, etc.

Toutes ces plantes exigent, pour se bien développer, un sol *abondamment pourvu de fumier frais*. Elles demandent des arrosages répétés : or, une terre pourvue de fumier conserve facilement sa fraîcheur.

Cultivées dans des sols peu riches en fumier ou en humus (20), ces plantes végètent trop lentement et donnent des produits ligneux ou *filandreux*.

47. Légumes cultivés pour leurs racines, leurs bulbes* ou leurs tubercules*. — Les légumes de cette catégorie sont : la carotte, le navet, l'oignon, la pomme de terre, etc.

Toutes ces plantes s'accommodent bien d'une terre riche ; mais elles redoutent un sol pourvu de fumier frais ; dans un tel sol, les navets, les carottes, etc., développent beaucoup leurs feuilles et parfois leurs tiges et produisent des racines petites et souvent fourchues. C'est ainsi que la terre destinée à porter des betteraves, en grande culture, doit être fumée à l'automne de l'année précédente.

48. Légumes cultivés pour leurs graines. — Dans cette catégorie, il faut ranger les pois, les haricots, les lentilles, etc.

La plupart de ces plantes appartiennent à la famille des *légumineuses** et sont capables d'assimiler l'azote* atmosphérique (**26**). Elles sont exigeantes en acide phosphorique* et en potasse* (**9**).

Dans les terrains abondamment pourvus de fumier, ces végétaux développent beaucoup leurs tiges et leurs feuilles et produisent moins de fruits.

49. Importance de la classification des légumes. — Les notions qui précèdent indiquent clairement qu'il y a des inconvénients à cultiver les légumes au hasard sur tous les carrés du potager, et à répandre les engrais uniformément sur toute la surface du jardin.

La classification que nous venons de faire permet de régler, d'une manière rationnelle, la distribution des cultures dans le jardin, c'est-à-dire l'*assolement* du potager (**34**). Elle permet, en outre, d'établir les règles de l'*emploi des engrais* dans le jardin, comme nous l'indiquerons dans la leçon suivante.

RÉSUMÉ

La plupart des légumes peuvent être divisés en trois catégories : 1° les légumes cultivés pour leurs feuilles, tels que les choux, les salades, etc., qui exigent des arrosages abondants et un sol riche, bien pourvu de fumier frais ; 2° les légumes cultivés pour leurs racines ou leurs tubercules, tels que les carottes, les navets, etc., qui ne s'accommodent pas bien d'un sol très riche en fumier frais ; 3° les légumes cultivés pour leurs graines, tels que les pois, les haricots, etc., qui redoutent également un sol très riche en fumier frais, mais qui sont exigeants en acide phosphorique et en potasse. Cette classification permet d'établir l'assolement rationnel du potager.

QUESTIONNAIRE

45. Comment peut-on classer les légumes? — 46-47-48. Quelles sont les exigences des légumes cultivés pour leurs feuilles? — des légumes cultivés pour leurs racines? — des légumes cultivés pour leurs graines? — 49. Montrez l'importance de la classification des légumes.

DEVOIR DE RÉDACTION

Indiquez comment on peut classer en trois catégories la plupart des plantes cultivées dans le potager et dites sur quoi est basée cette classification.

Treizième leçon.

ASSOLEMENT DU POTAGER. DISTRIBUTION DES ENGRAIS

50. Utilité d'un assolement. — Lorsqu'on cultive le même légume dans le même sol, on remarque, dès la seconde année, une diminution dans la récolte ; à la troisième année, on observe que le légume cultivé se développe plus lentement et qu'il est dégénéré : le produit qu'il fournit est plus ligneux, plus *filandreux*.

Il est donc indispensable d'alterner les cultures dans le potager.

La rotation ou alternance des cultures est basée sur la division des légumes en trois catégories (45). Le terrain du potager est divisé en trois parties ou *soles* (34). On adopte un assolement de *trois ans*, comme l'indique le tableau suivant :

	1re SOLE	2e SOLE	3e SOLE
1re ANNÉE.	Choux, salades, etc.	Navets, carottes, etc.	Pois, haricots, etc.
2e ANNÉE.	Navets, carottes, etc.	Pois, haricots, etc.	Choux, salades, etc.
3e ANNÉE.	Pois, haricots, etc.	Choux, salades, etc.	Navets, carottes, etc.

51. Première sole. — Dans la première sole, on cultive les légumes à production foliacée (46), les choux, les salades, etc.

Cette sole reçoit, au printemps, une forte dose de fumier. C'est la seule partie du potager sur laquelle on répand cet engrais; certains maraîchers* en emploient jusqu'à cinq mètres cubes par are. On augmente la masse du fumier en y ajoutant du compost (25).

52. Deuxième sole. — Dans la deuxième sole, qui, l'année précédente, portait les choux, les salades, etc., on cultive les plantes dont on utilise les racines ou les tubercules* (47) : les navets, les carottes, les pommes de terre, etc.

Cette sole ne reçoit pas de fumier; elle est suffisamment pourvue d'humus (20) pour donner un produit maximum.

53. Troisième sole. — La troisième sole, qui, l'année précédente, portait les plantes-racines, est réservée aux légumes cultivés pour leurs graines : les pois, les fèves, les haricots, etc.

Le terrain destiné à ces cultures ne reçoit pas de fumier, car il est suffisamment riche en humus.

Les plantes de la troisième sole sont peu exigeantes en azote* (48); elles s'accommodent bien d'une fumure phosphatée et potassique. Or, dans la plupart des ménages, on produit généralement un engrais riche en acide phosphorique* et en potasse*; c'est la *cendre* de bois (30). On obtient les meilleurs résultats dans la troisième sole, en incorporant à la couche arable des cendres de bois, à raison de deux hectolitres environ par are.

54. Avantages de l'assolement précédent. — La culture des légumes, étant soumise à l'assolement de trois ans que nous venons d'étudier, présente des avantages incontestables :

1° On obtient de fortes récoltes en employant un minimum de matières fertilisantes; lorsque les légumes sont cultivés au hasard dans le potager, les engrais employés, et notamment le fumier, sont en partie gaspillés.

2° On établit un ordre parfait dans les cultures, qui reviennent dans le même sol à des intervalles réguliers.

RÉSUMÉ

L'assolement de trois ans, adopté dans le potager, est basé sur la division des légumes en trois catégories. La première sole, qui seule reçoit du fumier, est réservée pour la culture des légumes dont on utilise les feuilles. La deuxième sole porte les légumes cultivés pour leurs racines et leurs tubercules; enfin la troisième sole porte les légumes cultivés pour leurs graines. L'assolement de trois ans permet de ne pas gaspiller les engrais et d'obtenir un ordre parfait dans les cultures.

QUESTIONNAIRE

50. Indiquez pourquoi il faut alterner les cultures dans le potager. — Sur quel principe est basé l'assolement du potager? — 51. Quels sont les légumes cultivés dans la première sole? — 52. Quels sont les légumes cultivés dans la deuxième sole? — 53. Quels sont les légumes cultivés dans la troisième sole? — Quels engrais emploie-t-on dans cette sole? — 54. Montrez les avantages de l'assolement de trois ans dans le potager.

DEVOIR DE RÉDACTION

Expliquez comment les cultures de légumes doivent être distribuées dans le jardin potager.

Quatorzième leçon.

PRODUCTION DES PRIMEURS

55. Les cultures forcées. — On arrive à produire, en hiver et au printemps, par des procédés artificiels, des légumes qui, en pleine terre dans le potager, ne se développent bien que pendant l'été. Les produits ainsi obtenus s'appellent des *primeurs*, et les cultures faites en vue d'obtenir des primeurs s'appellent des *cultures forcées*.

Le développement hâtif des légumes est obtenu en accumulant plus de chaleur autour de leurs tiges et de leurs racines.

Dans les serres, on parvient à produire, en hiver, des légumes et des fruits qui n'atteindraient leur complet développement qu'après les grandes chaleurs de l'été : la température du sol et de l'atmosphère des serres est élevée au moyen d'une source de chaleur artificielle généralement produite par la combustion* du coke.

Dans le jardin potager, la source de chaleur utilisée pour les cultures forcées provient de la fermentation* du fumier frais du cheval; pour utiliser cette chaleur, on construit une *couche*.

56. Aménagement d'une couche chaude. — Il importe d'employer, pour la confection d'une couche chaude, du *fumier frais* de cheval, car le vieux fumier, qui a fermenté, ne produit presque pas de chaleur.

On dispose le fumier par lits régulièrement tassés et arrosés, sur une épaisseur de 0m,40 environ. Sur ce tas de fumier, on place un *coffre* formé de quatre planches et

Fig. 16. — Couche et châssis.

couvrant une surface de 1m,30 sur 1 mètre généralement (*fig.* 16).

A l'intérieur du coffre, on dispose, sur le fumier, un mélange de terre et de terreau de 0m,20 environ d'épaisseur. Le coffre est recouvert par un *châssis* vitré.

Le sol de la couche, qui repose sur une masse de fumier frais, s'échauffe à mesure que le fumier fermente; les plantes qui croissent dans ce sol, étant recouvertes d'un châssis, sont entièrement entourées d'une atmosphère chaude, très favorable à leur développement.

Les couches construites en maçonnerie, établies toujours au même endroit, ne sont pas à recommander, parce qu'elles dégagent toujours moins de chaleur et qu'elles sont envahies promptement par les insectes.

57. Couches tièdes et couches sourdes. — Les couches *tièdes* sont construites avec du fumier de bovidés (bœuf ou vache), parfois mélangé de feuilles; elles dégagent moins de chaleur que les précédentes, mais elles permettent de faire, de bonne heure au printemps, des semis qui ne réussiraient pas en pleine terre.

Dans les potagers où l'on manque de fumier, on peut établir des couches *sourdes*, en utilisant des feuilles sèches, des ajoncs, des mousses, etc. On arrose et l'on tasse ces matières que l'on recouvre de terreau, puis d'un coffre et d'un châssis. Ces couches sont encore moins actives que les précédentes; cependant, elles permettent d'avancer les semis de certains légumes au printemps.

58. L'assolement de quatre ans. — Dans un potager où les cultures forcées sont régulièrement établies, on adopte l'assolement de quatre ans; le potager est divisé en quatre parties ou *soles*, et les couches sont établies sur la quatrième sole.

Chaque année, aux cultures forcées succèdent les légumes de la première sole; le fumier qui a servi pour les couches est enfoui sur place dans le terrain où seront cultivés ces légumes (51).

L'alternance des cultures est indiquée dans le tableau suivant :

	1re SOLE	2e SOLE	3e SOLE	4e SOLE
1re ANNÉE.....	Choux, etc.	Carottes, etc.	Pois, etc.	Couches.
2e —	Carottes, etc.	Pois, etc.	Couches.	Choux, etc.
3e —	Pois, etc.	Couches.	Choux, etc.	Carottes, etc.
4e —	Couches.	Choux, etc.	Carottes, etc.	Pois, etc.

RÉSUMÉ

Les primeurs sont obtenues au moyen des cultures forcées. On arrive à la production des primeurs, en faisant vivre les plantes dans un milieu suffisamment chaud; dans le potager, ce milieu est obtenu au moyen de couches construites avec du fumier frais de cheval. On peut aussi construire des couches avec du fumier d'étable, des feuilles, etc.; elles donnent moins de chaleur que les précédentes. Dans le potager où les cultures forcées sont régulièrement établies, la culture des légumes est soumise à l'assolement de quatre ans.

QUESTIONNAIRE

55. Qu'appelle-t-on primeur? — Qu'appelle-t-on culture forcée? — 56. Comment établit-on une couche chaude? — 57. Qu'appelle-t-on couche tiède? — couche sourde? — 56. Comment doit-on alterner les cultures dans le potager lorsqu'on produit chaque année des primeurs?

DEVOIR DE RÉDACTION

Qu'appelle-t-on primeur? Comment peut-on obtenir des primeurs dans le jardin potager?

Quinzième leçon.

LES TRAVAUX DU POTAGER

59. Les labours. Enfouissement du fumier. — Nous savons déjà que le labour de défoncement du sol doit être effectué à la veille de l'hiver (44); pendant l'hiver, la terre s'ameublit* sous l'action des gelées.

Au printemps, on pratique dans le potager un labour ordinaire; on se sert à cet effet de la bêche ou de la fourche à dents plates (*fig.* 17). A ce moment, on enfouit par un labour le fumier destiné à la première sole (51); il faut éviter de placer cet engrais au fond des jauges*; on le répartit aussi régulièrement que possible dans toute l'épaisseur du sol.

60. **Etablissement des planches.** — Quelques jours après le labour de printemps, on ameublit* le sol par un hersage qui s'exécute avec la fourche crochue.

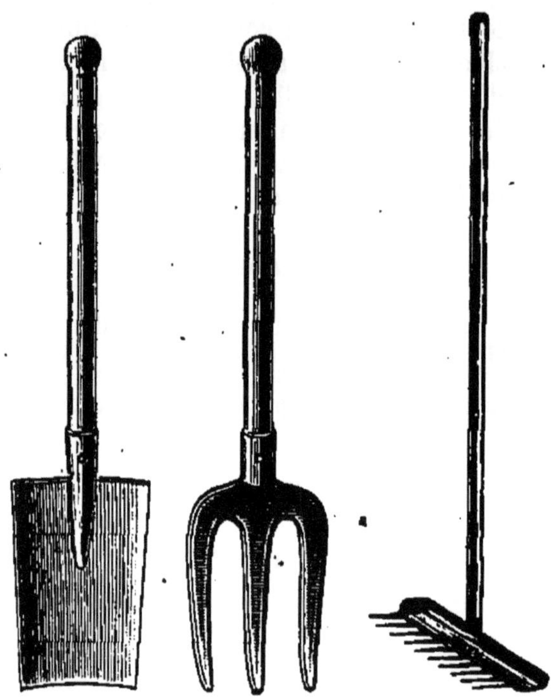

Fig. 17. — Bêche et fourche à dents plates. Fig. 18. — Râteau.

Les surfaces destinées à chaque sole sont ensuite divisées en *planches*, séparées par des sentiers.

Au moyen du râteau (*fig.* 18), le jardinier nivelle chaque planche et dresse autour d'elle une sorte de rebord en terre, afin que toute l'eau d'arrosage pénètre dans le sol et ne s'écoule pas dans les sentiers.

Le terrain est ainsi disposé pour les semis.

61. **Le semis. Essai des graines.** — Les semis de graines de légumes se pratiquent *en lignes* ou *à la volée.*

Le semis en lignes, exigeant moins de graines, est plus économique que le semis à la volée; il permet de sarcler facilement le sol et donne de beaux produits.

On sème généralement à la volée le radis, le navet, la mâche, etc.; il est toujours à recommander de semer très clair.

Toutes les graines employées doivent être capables de germer. La ménagère peut très facilement s'assurer, avant le semis, si les graines qu'elle veut utiliser sont bonnes. L'essai est facile à faire. On recouvre le fond d'une assiette d'une petite couche de coton sur laquelle on dispose un nombre déterminé des graines que l'on veut étudier (*fig.* 19). On humecte le coton avec un peu d'eau et on le maintient humide (13).

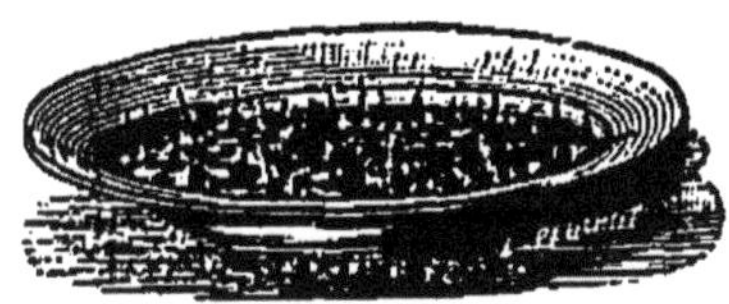

Fig. 19. — Essai de germination de graines.

Au bout de quelques jours, on compte les graines qui ont germé; on juge ainsi de la qualité des semences.

62. Repiquage ou mise en place. — Certains légumes, comme les choux, ne sont pas semés dans le carré où on doit les cultiver; on les obtient d'abord en *pépinière**.

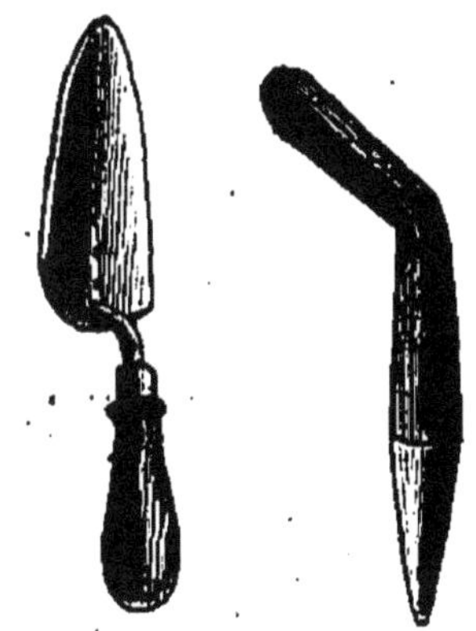

Fig. 20. — Déplantoir. Fig. 21. Plantoir.

Lorsque les jeunes plants obtenus de semis sont suffisamment développés, on les extrait du sol avec précaution au moyen d'un *déplantoir* (*fig.* 20) en enlevant avec le végétal la terre qui tient aux racines.

Ces jeunes plants sont *repiqués* ou *mis en place*, c'est-à-dire placés dans le terrain où ils doivent accomplir toute leur végétation : on se sert, à cet effet, d'un plantoir (*fig.* 21).

La planche où l'on effectue la mise en place est copieusement arrosée : on maintient parfois la fraîcheur du sol en le recouvrant d'une couche de fumier pailleux ou de terreau.

RÉSUMÉ

Au printemps, on effectue dans le potager un labour ordinaire, et on enfouit le fumier dans la première sole. Le terrain est ensuite ameubli et partagé en planches. Les semis s'effectuent en lignes ou à la volée ; il est bon de faire l'essai des graines avant le semis. Certains légumes sont obtenus d'abord en pépinière ; lorsque les jeunes plants, venus de semis, sont assez développés, on procède à la mise en place dans le carré où l'on doit les cultiver.

QUESTIONNAIRE

59. Parlez des labours du potager. — 60. Comment doit-on établir les planches? — 61. Quels sont les avantages du semis en lignes? Comment peut-on faire l'essai des semences? — 62. En quoi consiste la mise en place? — Comment s'effectue cette opération?

DEVOIR DE RÉDACTION

Dites comment s'exécutent dans le potager les travaux suivants : labour et établissement des planches ; semis des graines ; mise en place des légumes.

Seizième leçon.

LES TRAVAUX DU POTAGER (SUITE). CULTURES DÉROBÉES

63. Façons culturales du potager. — Les soins culturaux à donner aux légumes sont : les *sarclages* et les *binages* (41).

Les sarclages s'exécutent à la main. Il faut procéder à

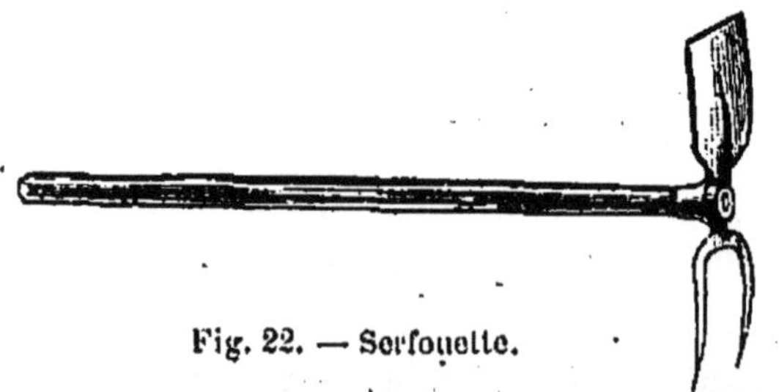

Fig. 22. — Serfouette.

cette opération quand les herbes sont encore jeunes : pour les enlever facilement, on arrose le sol préalablement.

Les binages s'exécutent avec la binette ou la serfouette

(*fig.* 22). Ils détruisent les mauvaises herbes et aèrent le sol (**38**). De plus, les binages conservent la fraîcheur du sol, car ils empêchent l'humidité de la couche arable de s'échapper dans l'air : c'est pourquoi l'on dit qu'*un binage vaut un arrosage*.

64. Arrosage des légumes. — C'est une opération indispensable dont dépend le succès de la récolte ; elle est souvent coûteuse, car elle exige beaucoup de temps.

En été, les arrosages se pratiquent le soir au coucher du soleil : si l'eau destinée à l'arrosage est trop froide, on l'expose à l'air dans des bassins pendant la journée.

L'eau est répandue sur le sol au moyen d'un arrosoir muni d'un brise-jet ou d'une pomme (*fig.* 23).

Fig. 23. — Arrosoir à pomme.

Il est essentiel d'arroser copieusement le terrain et, pour cela, il faut que l'eau pénètre dans le sol uniformément à une profondeur de 0m,30 à 0m,40 ; lorsqu'un arrosage est ainsi pratiqué, les plantes possèdent une provision d'humidité suffisante pour plusieurs jours.

Si les cultures sont seulement *bassinées*, c'est-à-dire légèrement arrosées, les plantes souffrent constamment de la sécheresse.

65. Cultures dérobées. — Le cultivateur n'obtient le plus souvent qu'une récolte par an dans ses terres ; mais, si le sol qu'il cultive a beaucoup de valeur, il peut quelquefois obtenir deux récoltes dans la même année.

Exemple : après une récolte de blé, recueillie en juillet-août, il donne un labour au sol et sème une variété hâtive de navet, qu'il récolte avant l'hiver : cette seconde culture s'appelle *culture dérobée*.

Dans le potager, on peut aisément obtenir sur une planche deux récoltes par an. Exemples : après une culture de pommes de terre hâtives, on obtient une récolte de choux; après une culture de haricots récoltés en vert, le sol peut produire une récolte de carotte hâtive ou de navet; après une récolte de salade ou de choux, en mai-juin, on peut planter des poireaux, etc.

L'usage des cultures dérobées dans le potager présente de grands avantages, car ces cultures augmentent beaucoup la quantité de produits tirés du sol.

66. Contreplantation. — La contreplantation consiste à faire produire au sol, dans une planche qui porte une culture principale, des légumes à développement rapide, qui ne gêneront pas ceux qui occupent déjà le sol.

Exemples : On peut semer dans une planche, à la même date au printemps, des radis, des carottes courtes et contreplanter des laitues romaines; plus tard, on récolte successivement les radis, les romaines et les carottes. Dans une plantation de pommes de terre, on peut semer des radis que l'on récolte six semaines avant les pommes de terre. Dans une planche de salade, quinze jours après la plantation, on peut contreplanter des choux. Dans une planche d'oignons, on peut contreplanter des salades. Etc.

En effectuant des contreplantations bien appropriées, on peut arriver à faire produire à certaines planches du jardin jusqu'à cinq récoltes par an; on n'a pas à craindre l'épuisement du sol du potager en principes fertilisants si la fumure a été pratiquée rationnellement, comme nous l'avons indiqué (49-54).

RÉSUMÉ

Les soins à donner aux légumes sont : les sarclages, les binages et les arrosages; il faut, à chaque arrosage, que l'eau pénètre uniformément et profondément dans le sol. Dans le potager, les cultures dérobées et les contreplantations bien appropriées permettent d'augmenter beaucoup les produits du sol : certaines planches du potager peuvent donner jusqu'à cinq récoltes par an.

QUESTIONNAIRE

63. Quels sont les soins culturaux à donner aux légumes? — Quel est l'effet du binage? — 64. Comment doit être effectué l'arrosage des légumes? — Qu'appelle-t-on bassinage? — 65-66. En quoi consistent les cultures dérobées? — les contreplantations? — Quel est l'avantage des contreplantations?

DEVOIR DE RÉDACTION

Qu'appelle-t-on culture dérobée? Quels sont les avantages des cultures dérobées et des contreplantations dans le jardin potager?

CHAPITRE II

Légumes cultivés pour leurs feuilles.

Dix-septième leçon.

LES CHOUX

67. Choux cabus ou pommés. — Les nombreuses variétés de choux cabus se divisent en deux grandes catégories, suivant que leurs feuilles sont *lisses* ou *cloquées*.

Fig. 24. — Chou quintal.

1° Les principales variétés de choux cabus à feuilles lisses sont : le *chou d'York*, le *cœur de bœuf*, le *chou de Saint-Denis*, le *chou quintal*, etc. (*fig*. 24).

2° Les choux à feuilles cloquées sont désignés sous le nom de *choux milans* (*fig*. 25).

La culture bien ordonnée de ces diverses variétés permet d'obtenir des récoltes de choux en toute saison.

Fig. 25. — Chou milan.

1° Pour obtenir des choux au printemps, on sème au mois d'août, en pépinière*, des graines de chou d'York ou de chou cœur de bœuf; les plants obtenus, mis en place en novembre et bien buttés, peuvent supporter les froids de l'hiver; on les récolte en avril.

2° Les choux milans donnent leur produit en été. Semés de très bonne heure au printemps et mis en place dans la première sole (46-51), ils peuvent être récoltés en août.

3° Le chou quintal et le chou de Vaugirard, semés au printemps, n'atteignent leur complet développement qu'à la veille de l'hiver.

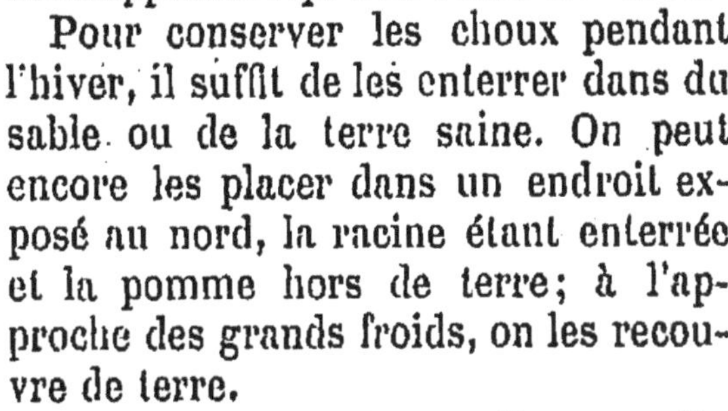

Pour conserver les choux pendant l'hiver, il suffit de les enterrer dans du sable ou de la terre saine. On peut encore les placer dans un endroit exposé au nord, la racine étant enterrée et la pomme hors de terre; à l'approche des grands froids, on les recouvre de terre.

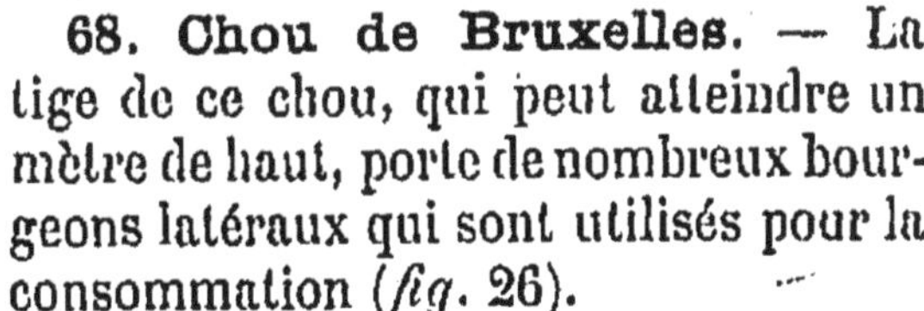

68. Chou de Bruxelles. — La tige de ce chou, qui peut atteindre un mètre de haut, porte de nombreux bourgeons latéraux qui sont utilisés pour la consommation (*fig.* 26).

Fig. 26. — Chou de Bruxelles.

On sème ce chou en février-mars, en pépinière*, et, six semaines plus tard, les plants sont mis en place. Lorsque la tige a environ $0^{m},50$, on pince* son extrémité pour favoriser le développement des bourgeons latéraux.

Fig. 27. — Chou vert.

La récolte commence en octobre-novembre et se continue pendant tout l'hiver, car le chou de Bruxelles résiste bien au froid.

69. Choux verts. — Dans certaines contrées, les choux verts sont cultivés surtout en pleine terre et leurs feuilles sont utilisées pour l'alimentation du bétail. Les principales variétés sont : le *chou branchu du Poitou*, le *chou moellier*, le *chou cavalier* (*fig*. 27).

On sème ces choux, en pépinière*, en mars-avril ou en juillet-août, et six semaines après la levée, on procède à la mise en place. Dans le premier cas, on peut récolter les feuilles en septembre; dans le second cas, la production ne commence qu'au printemps suivant.

70. Choux-fleurs et choux brocolis. — Les choux-fleurs sont cultivés pour leur inflorescence* qui se présente sous la forme d'une masse globuleuse (*fig*. 28).

Fig. 28. — Chou-fleur.

Pour obtenir des choux-fleurs en juillet-août, on sème les graines sur couche (56) de bonne heure au printemps, de façon à mettre les plants en place dans le courant d'avril. Si le semis a lieu en pleine terre, la récolte ne commence qu'en octobre. Lorsque l'inflorescence* apparaît, on la recouvre d'une feuille de chou pour la protéger contre la lumière, la pluie, la grêle, etc.

Les choux brocolis donnent un produit analogue aux précédents; ils sont plus rustiques que les choux-fleurs. On les cultive comme plantes bisannuelles (15) en les semant en avril; la récolte s'effectue au printemps suivant.

RÉSUMÉ

Les choux cabus, dont on consomme les feuilles, se divisent en deux catégories : les choux à feuilles lisses et les choux milans; ils donnent des produits en toute saison. Les choux de Bruxelles, dont on consomme les bourgeons, donnent leur produit à l'automne et pendant l'hiver. Les choux verts sont plus particulièrement cultivés pour l'alimentation du bétail. Les choux-fleurs, dont on consomme les inflorescences, donnent leurs produits à l'automne.

QUESTIONNAIRE

67. Comment classe-t-on les variétés de choux cabus? — Comment doit-on procéder pour obtenir des choux au printemps? — en été? — à l'automne? — Comment conserve-t-on les choux pendant l'hiver? — 68. Parlez de la culture du chou de Bruxelles. — 69. A quoi servent généralement les produits du chou vert? — 70. Dites ce que vous savez sur la culture du chou-fleur et sur celle du chou brocolis.

DEVOIR DE RÉDACTION

Comment la ménagère doit-elle aménager et régler la culture des choux dans le potager, pour obtenir les produits de ces légumes en toute saison?

Dix-huitième leçon.

LES SALADES

71. Les laitues. — Les laitues sont des salades de printemps.

Les diverses variétés de laitues se divisent en deux catégories :

1° Les *laitues pommées* (*fig.* 29) à feuilles tendres, non croquantes.

Fig. 29. — Laitue pommée.

Fig. 30. — Laitue romaine.

2° Les *laitues romaines* (*fig.* 30) à pomme allongée en cylindre et à feuilles croquantes.

Les semis de laitues peuvent être effectués dès le mois de mars et continués jusqu'en juin.

Une variété rustique, la *laitue de la Passion*, peut être semée et repiquée avant l'hiver; elle supporte assez bien les froids; on la récolte en mars-avril.

Lorsque la laitue romaine est bien développée, on lie ses feuilles avec un brin de paille, par un temps sec, afin d'obtenir une pomme très blanche (8); les feuilles qui constituent cette pomme deviennent étiolées*.

Les laitues, cultivées sur couche et sous châssis (56), peuvent donner des produits pendant tout l'hiver.

Fig. 31. — Chicorée scarole.

72. Les chicorées. — Les diverses variétés de chicorées, qui donnent des salades d'arrière-saison, se divisent en deux groupes :

1° La *chicorée scarole* (*fig.* 31), à feuilles amples.

2° La *chicorée frisée* (*fig.* 32), à feuilles finement découpées.

Ces plantes se sèment en juin-juillet, en pépinière, et la mise en place s'effectue trois semaines plus tard; elles exigent des arrosages répétés; on les récolte en octobre-novembre.

Fig. 32. — Chicorée frisée.

Pour obtenir une salade très blanche, on lie les feuilles avec un brin de paille quinze jours environ avant la récolte.

Les chicorées peuvent être obtenues sur couche et sous châssis pendant tout l'hiver.

73. La chicorée sauvage (barbe de capucin). —

La chicorée sauvage est cultivée en pleine terre pour ses racines qui servent à préparer la chicorée à café; les feuilles de cette plante sont employées pour la nourriture des animaux.

En hiver, les racines de la chicorée sauvage sont uti-

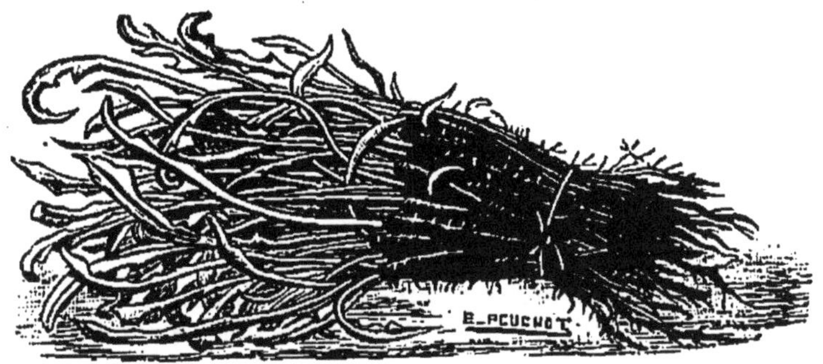

Fig. 33. — Barbe de capucin.

lisées pour la production de la *barbe de capucin*. On plante les racines en cave dans du sable ou de la terre légère que l'on maintient humide par des arrosages; du collet de la racine se développent des feuilles étiolées* (8) que l'on détache une à une; la production se prolonge pendant tout l'hiver.

74. Le céleri. — Les variétés de céleris se divisent en deux groupes :

1° Le *céleri à côtes* (*fig.* 34), à rhizome*

Fig. 34. — Céleri à côtes.

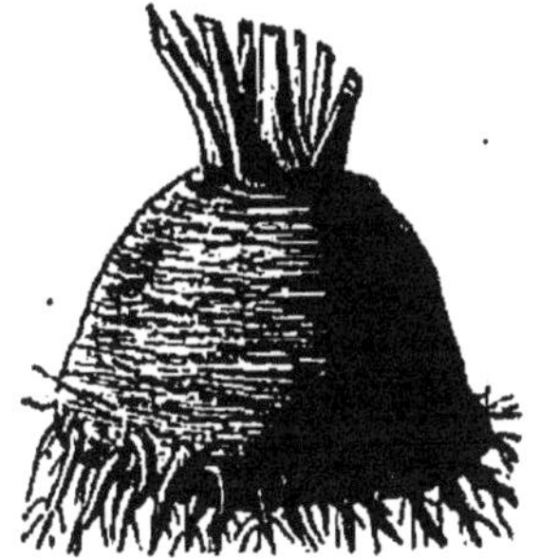
Fig. 35. — Céleri-rave.

peu développé et dont on mange les feuilles (côtes.)

2° Le *céleri-rave* (*fig.* 35), dont on mange le rhizome*(7).

On sème le céleri en avril, en pépinière, et l'on effectue la mise en place quelques semaines après la levée. A l'arrière-saison, on butte* fortement les pieds de céleri à côtes et on lie les feuilles pour les faire blanchir.

Le céleri se conserve facilement en cave en enterrant sa racine dans du sable frais ; on le consomme pendant tout l'hiver et surtout en janvier-février, lorsque les autres salades sont rares.

RÉSUMÉ

Les laitues, qui se divisent en deux groupes, les laitues pommées et les laitues romaines, sont des salades de printemps ; on les sème en pleine terre de mars à juin. Les chicorées sont des salades d'été et d'automne : elles forment deux catégories, les chicorées scaroles et les chicorées frisées ; on les sème en juin-juillet. Les racines de la chicorée sauvage sont utilisées en hiver pour la production de la barbe de capucin. Le céleri à côtes et le céleri-rave se sèment en avril ; on les consomme en hiver.

QUESTIONNAIRE

71. Comment classe-t-on les variétés de laitues? — Comment cultive-t-on ces salades? — 72. Comment divise-t-on les variétés de chicorées? — Parlez de la culture de ces salades. — 73. Expliquez comment on produit la barbe de capucin. — 74. Comment cultive-t-on le céleri?

DEVOIR DE RÉDACTION

Dites comment on cultive les laitues et les chicorées dans le potager.

Dix-neuvième leçon.

AUTRES LÉGUMES CULTIVÉS POUR LEURS FEUILLES

75. La mâche. — La mâche (*fig.* 36) est une salade d'arrière-saison et d'hiver.

Cette plante, semée au mois d'août en place, peut être récoltée en octobre-novembre; les semis effectués en septembre donnent leur produit pendant l'hiver.

Fig. 36. — Mâche.

Bien que la mâche résiste au froid, on la recouvre de paillassons pendant la mauvaise saison.

La variété cultivée dans le potager est la *mâche double*.

76. Le pissenlit. — On sème le pissenlit (*fig.* 37) en mars-avril, en place, et en lignes distantes de 0m,25 environ; plus tard, on éclaircit* lorsque le plant est trop serré. Avant les froids, on butte* fortement les pieds pour obtenir des feuilles blanches. La récolte a lieu pendant tout l'hiver.

Fig. 37. — Pissenlit.

La variété cultivée dans le potager est le *pissenlit amélioré hâtif*.

Les racines de pissenlit, cultivées en cave, comme celles de la chicorée sauvage, produisent des feuilles étiolées* analogues à la *barbe de capucin* (73).

Fig. 38. — Epinard.

77. L'épinard. — L'épinard (*fig.* 38) est une plante dont on mange les feuilles cuites.

Les semis de printemps permettent d'obtenir une récolte en été. Mais on effectue aussi des semis d'épinard du 15 août au 15 octobre : dans ce cas, la récolte a lieu pendant l'hiver.

On préserve l'épinard des froids en recouvrant les planches avec des paillassons.

Les principales variétés cultivées sont : l'*épinard de Viroflay* et l'*épinard à feuilles de laitue*.

78. L'oseille. — L'oseille est une plante vivace (15) dont on recueille les feuilles pendant toute l'année.

Cette plante est souvent cultivée en bordure dans le potager ; on la propage alors par la plantation de racines prises sur des touffes volumineuses.

Le semis en planche s'effectue au printemps. Les arrosages, en été, augmentent beaucoup la récolte.

Les principales variétés cultivées sont : l'*oseille de Belleville* et l'*oseille à feuilles d'épinard*.

Fig. 39. — Cerfeuil.

79. Cerfeuil. Persil. — Le cerfeuil (*fig.* 39) et le persil (*fig.* 40), dont les feuilles sont utilisées comme condiment*, peuvent être cultivés en bordure ou en planches. Le semis de ces plantes s'effectue de février jusqu'en août ; on obtient des récoltes successives pendant toute la belle saison.

Fig. 40. — Persil.

En hiver, on peut obtenir du cerfeuil et du persil en cultivant ces végétaux dans des pots sous châssis.

RÉSUMÉ

La mâche et le pissenlit sont deux salades qui donnent leurs produits à l'arrière-saison ou pendant l'hiver. L'épinard, dont on mange les feuilles cuites, peut être récolté, suivant l'époque du semis, en été ou en hiver. L'oseille, dont on mange les feuilles cuites; le cerfeuil et le persil, dont les feuilles servent comme condiment, sont cultivés soit en planches, soit en bordure dans le potager.

QUESTIONNAIRE

75. Comment cultive-t-on la mâche? — 76. Parlez de la culture du pissenlit. — Quels sont les produits que fournit cette plante? — 77-78-79. Comment cultive-t-on l'épinard? — l'oseille? — le cerfeuil? — le persil?

DEVOIR DE RÉDACTION

Comment doit-on aménager et régler la culture des salades dans le potager, pour obtenir les produits de ces légumes en toute saison?

CHAPITRE III

Légumes cultivés pour leurs bulbes, leurs racines et leurs tubercules.

Vingtième leçon.

LÉGUMES CULTIVÉS POUR LEURS BULBES

80. Ail et échalote. — Ces deux plantes sont cultivées pour leurs bulbes*, qui sont utilisés comme condiment*.

Fig. 41. — Ail.

Fig. 42. — Echalote.

L'ail (*fig.* 41) et l'éclfalote (*fig.* 42) se multiplient par une portion de leurs bulbes qu'on appelle *caïeux*. On plante les caïeux d'ail et d'échalote en février, en lignes espacées de 0m,20 à 0m,30.

La récolte s'effectue en août lorsque les tiges sont fanées; à ce moment, les plantes sont liées en bottes, puis conservées dans un endroit aéré.

81. Ciboulette. — C'est une plante de la même famille que l'ail et l'échalote; ses petites feuilles, désignées sous le nom d'*appétit*, sont utilisées comme condiment*.

La ciboulette se reproduit par ses bulbes* que l'on plante au printemps; elle est souvent cultivée en bordure dans le potager.

82. Oignon. — Les variétés d'oignons se divisent en deux groupes :

1° Les *oignons blancs;* ils servent plus particulièrement comme oignons à confire : on les sème en août; ils résistent bien à l'hiver; on les récolte en avril-mai.

2° Les *oignons de couleur* (*fig.* 43); les principales variétés de cette catégorie sont : l'*oignon jaune des Vertus*, l'*oignon de Mulhouse*, etc. On les sème au printemps, après les gelées, à la volée ou mieux en lignes. La récolte de ces plantes s'effectue en août-septembre, lorsque leurs feuilles sont desséchées.

Fig. 43. — Oignon.

Les oignons doivent être conservés pendant l'hiver dans un endroit sec et à l'abri des froids.

83. Poireau. — Le poireau est une plante dont on consomme les feuilles, les tiges et les bulbes* qui sont un peu renflés (*fig. 44*).

On sème le poireau en février-mars, en pépinière*; on repique en lignes lorsque les plants ont la grosseur d'un crayon. Les semis peuvent être continués jusqu'en mai et les repiquages jusqu'en juin.

Pendant la végétation, on butte* les pieds de poireaux

pour obtenir des tiges blanches. La récolte commence en octobre et se continue pendant tout l'hiver.

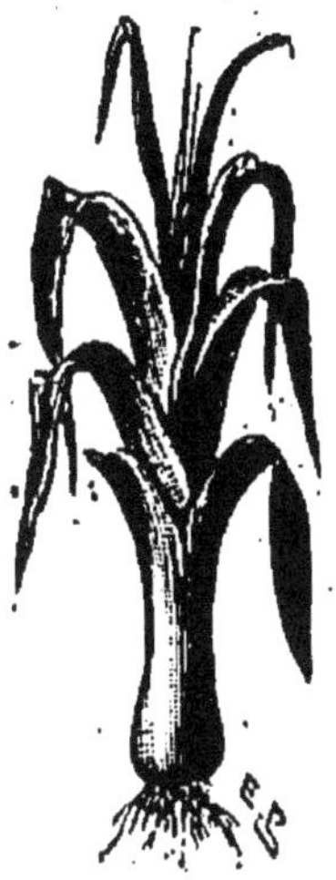

Les principales variétés cultivées sont : le *poireau long de Paris*, et le *poireau court de Rouen*, dont le diamètre atteint jusqu'à 0m,06.

Fig. 41. — Poireau.

RÉSUMÉ

L'ail, l'échalote et la ciboulette se reproduisent au moyen d'une portion de leurs bulbes appelée caïeux. Les oignons blancs sont semés en août et récoltés en avril-mai; les oignons de couleur sont semés au printemps et récoltés en septembre; on les conserve pendant l'hiver dans un endroit sain, à l'abri des gelées. Le poireau se sème en février-mars; on le récolte à l'automne et pendant l'hiver.

QUESTIONNAIRE

80-81. Comment cultive-t-on l'ail? — l'échalote? — la ciboulette? — 82. Comment classe-t-on les variétés d'oignons? — Comment cultive-t-on ces légumes? — 83. Parlez de la culture du poireau.

DEVOIR DE RÉDACTION

Enumérez les légumes qui sont cultivés dans le potager pour leurs bulbes et dites comment on cultive ces légumes.

Vingt et unième leçon.

LÉGUMES CULTIVÉS POUR LEURS RACINES

84. Carotte. — La carotte est une plante bisannuelle (15); les variétés cultivées dans le potager sont à chair rouge.

On sème en mars-avril la *carotte demi-longue de Hollande*, la *demi-longue nantaise;* le semis en lignes est préférable. Les cultures de carottes reçoivent en été divers binages (63). La récolte des racines s'effectue en août-septembre; on les conserve en cave pendant l'hiver.

En juillet-août, on peut semer la *carotte grelot* (*fig.* 45), qui est très hâtive et qui atteindra son complet développement avant les froids. Cette variété peut être obtenue en hiver sur couche et sous châssis (56).

Dans le potager,

Fig. 45. Carotte grelot.

Fig. 46. — Carotte fourragère.

on peut cultiver, pour les lapins, la carotte fourragère, à chair blanche, dont les deux principales variétés sont : la *carotte blanche des Vosges* et la *blanche à collet vert* (*fig.* 46).

85. Chou-navet et chou-rave. — La partie alimentaire du chou-navet est constituée par un renflement de la racine, qui est aux deux tiers enterrée; celle du chou-rave par un renflement de la tige, qui est complètement hors de terre (*fig.* 47).

On sème généralement ces plantes à la volée en avril; leur récolte s'effectue comme celle des carottes;

on conserve leurs produits en cave pendant l'hiver.

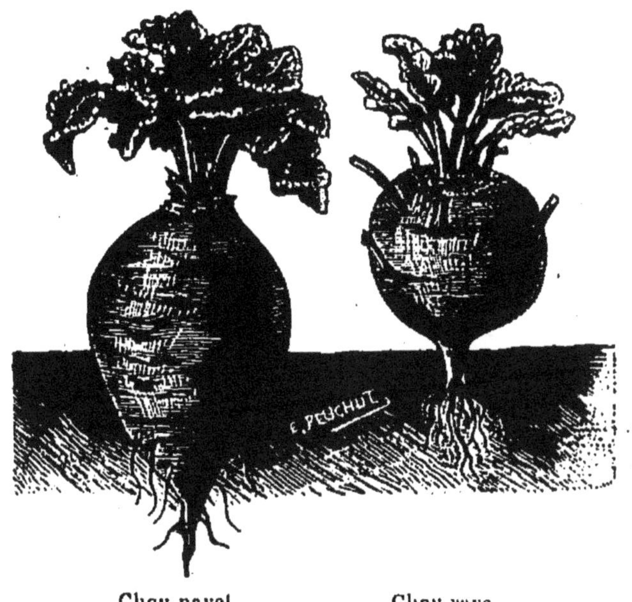

Chou-navet. Chou-rave.

Fig. 47.

86. Panais. — Le panais (*fig.* 48), dont la racine sert comme condiment*, est une plante rustique, peu exigeante sur le choix du terrain. On le sème à la volée.

Fig. 48. Panais rond.

Les semis de printemps permettent d'obtenir des panais en septembre; les semis d'été donnent leurs produits à la fin de la saison.

On peut laisser les panais en terre pendant l'hiver ou les conserver en cave.

87. Radis. — Les radis cultivés dans le potager se classent en deux groupes :

1° Le *radis de tous les mois ;* on peut semer cette plante pendant toute la belle saison; si elle reçoit d'abondants arrosages, elle se développe, en été, en vingt-cinq ou trente jours ; les principales variétés de ce radis sont : le *radis rose*, le *radis rond écarlate*, etc. (*fig.* 49) ;

Fig. 49. — Radis de tous les mois (radis rose).

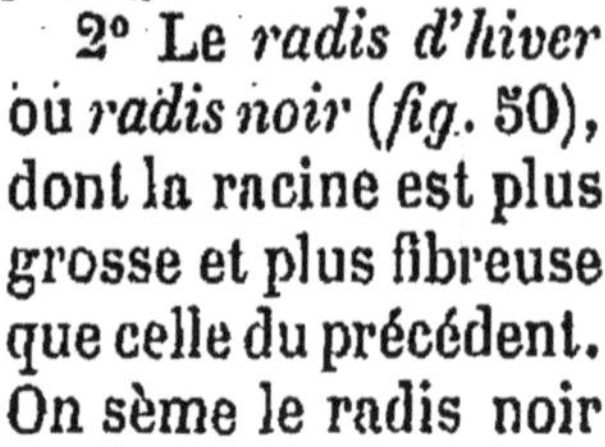

2° Le *radis d'hiver* ou *radis noir* (*fig.* 50), dont la racine est plus grosse et plus fibreuse que celle du précédent. On sème le radis noir de mai à juillet, à la volée, et l'on éclaircit* plus tard. La récolte des racines s'effectue à l'automne ; on les conserve en cave pendant l'hiver.

Fig. 50. — Radis noir.

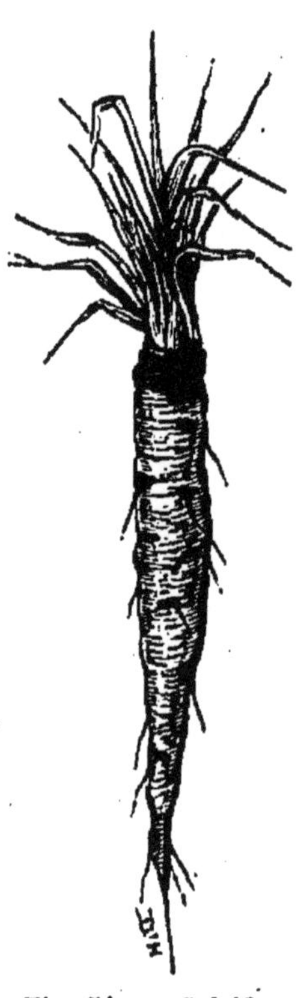

Fig. 51. — Salsifis.

88. Salsifis. — On consomme les racines pivotantes (7) des salsifis après les avoir débarrassées de leur écorce (*fig.* 51).

On sème le salsifis en mars, en lignes. Les racines sont

récoltées à l'automne et conservées pendant l'hiver en cave dans du sable frais.

La *scorsonère* est une plante à peu près analogue au salsifis et qui est cultivée pour les mêmes usages.

RÉSUMÉ

On sème la carotte en mars-avril et l'on récolte les racines de cette plante à l'automne; une variété, la carotte grelot, peut être semée en août, ou cultivée en hiver sur couche et sous châssis. Le chou-navet, le chou-rave, le panais, le salsifis, le radis noir, donnent leurs produits à l'automne, comme la carotte; toutes ces racines sont conservées en cave pendant l'hiver. Le radis rose est cultivé pendant toute la belle saison.

QUESTIONNAIRE

84. Citez quelques variétés de carottes. — Comment cultive-t-on ces légumes? — Comment les conserve-t-on en hiver? — 85. Quelle différence faites-vous entre le chou-navet et le chou-rave? — 86. Comment cultive-t-on le panais? — 87. Comment classe-t-on les radis? — Comment les cultive-t-on? — 88. Comment cultive-t-on le salsifis?

DEVOIR DE RÉDACTION

Indiquez les légumes qui sont cultivés dans le potager pour leurs racines et dites comment on cultive ces légumes.

Vingt-deuxième leçon.

LÉGUME CULTIVÉ POUR SES TUBERCULES
LA POMME DE TERRE

89. Variétés de pommes de terre. — Les produits fournis par la pomme de terre constituent une ressource très importante pour l'alimentation de l'homme et des animaux de l'exploitation.

Les variétés cultivées en plein champ sont : la *chardon*, l'*institut de Beauvais*, la *magnum bonum*, etc.

Dans le jardin potager, on cultive la pomme de terre *marjolin*, la *kidney*, qui sont très hâtives, la *hollande*, etc.

90. Culture. — On plante la pomme de terre en mars-avril, en employant des tubercules* entiers de moyenne grosseur; les pieds sont espacés de $0^m,40$ en tous sens. Chaque œil, qui est visible sur une pomme de terre, ren-

Fig. 52. — Pomme de terre. Chaque œil ou bourgeon donnera naissance à une tige.

ferme un bourgeon qui donnera naissance à une tige (*fig.* 52).

Dans le courant de l'été, on exécute divers binages et un buttage*. Cette dernière opération permet à la plante de développer davantage sa tige souterraine dont les renflements constituent les tubercules (7) que nous consommons.

91. Récolte. Conservation. — La récolte des pommes de terre commence en juillet, pour les variétés hâtives, et se continue pendant tout l'été jusqu'en octobre.

Les pommes de terre doivent être conservées pendant l'hiver, à l'abri des froids, dans un local sain et aéré. Comme elles renferment beaucoup d'eau, elles germent au printemps dès que la température s'élève, même si elles sont conservées dans un milieu non humide : on empêche les tubercules de germer en les plongeant pendant dix ou douze heures dans un liquide qui renferme un ou deux litres d'acide sulfurique* dans 100 litres d'eau.

92. Maladie de la pomme de terre. — Pendant sa

végétation, la pomme de terre est attaquée par une maladie, analogue au *mildiou* de la vigne, qui peut faire de grands ravages surtout dans les années humides et chaudes. Les feuilles de la pomme de terre noircissent et meurent : la plante ne produit presque rien.

On empêche cette maladie de se développer en aspergeant, au moyen d'un pulvérisateur (voir n° 159 et *fig.* 96), les feuilles de la plante avec un liquide désigné sous le nom de *bouillie bordelaise*, et composé de la façon suivante :

Eau.	100 litres.
Sulfate de cuivre*. . . .	1^{Kgr},500.
Chaux vive*.	1 kilogramme.

Mais le traitement doit être préventif, c'est-à-dire qu'il doit être effectué avant l'apparition de la maladie ; il est à peu près inutile lorsque la maladie s'est déjà développée : le mal est fait.

RÉSUMÉ

Les variétés de pommes de terre cultivées dans le potager sont : la marjolin, la kidney, la hollande, etc. On plante les tubercules en mars-avril ; la récolte s'effectue de juillet à octobre. En hiver, on conserve les pommes de terre à l'abri du froid dans un local sain et aéré. On empêche la maladie de la pomme de terre de se développer en traitant les plantes en été avec la bouillie bordelaise.

QUESTIONNAIRE

89. Quelles sont les variétés de pommes de terre cultivées dans le potager? — 90. Comment cultive-t-on la pomme de terre? — 91. Comment conserve-t-on les pommes de terre en hiver? — au printemps? — 92. Comment peut-on empêcher la maladie de la pomme de terre de se développer?

DEVOIR DE RÉDACTION

Culture de la pomme de terre dans le potager ; conservation des tubercules pendant l'hiver.

LECTURE

La pomme de terre.

Originaire des contrées montagneuses de la Colombie et du Pérou, la pomme de terre fut d'abord transportée et cultivée dans la Galicie, d'où elle passa en Italie; elle y était commune déjà vers la fin du seizième siècle. Elle se répandit de là en Allemagne et en Irlande (1545).

En Allemagne, elle fut d'abord négligée; mais la famine de 1770 la fit admettre dans la grande culture. La France ne la reçut que beaucoup plus tard, et c'est seulement sous le règne de Louis XV qu'elle commença à être cultivée dans l'Anjou et le Limousin.

C'est aux efforts de Parmentier qu'on doit son extension et son admission dans le régime alimentaire.

Avant l'introduction de la pomme de terre, les populations de l'Europe étaient affligées de famines presque périodiques. Toutes comptaient pour se nourrir sur les récoltes des graines des céréales. En Allemagne le seigle, en Irlande et en Écosse le gruau d'avoine, en Angleterre et en France le froment, étaient la seule base de la nourriture.

Le succès de toutes ces récoltes dépendait de la constitution atmosphérique des mêmes saisons : les orages, les brouillards, une longue succession de pluie ou de sécheresse, étendaient-ils leur influence sur une grande partie de l'Europe, la disette frappait à la fois une vaste étendue de pays et décimait la population pauvre.

Introduire comme supplément une plante dont la végétation a lieu dans d'autres circonstances, qui cache ses produits sous terre, qui résiste aux gelées tardives, brave les brouillards et la grêle, végète avec vigueur sous l'influence d'un printemps humide, c'était l'amélioration la plus importante que pût recevoir l'état social.

Tel est le bienfait auquel Parmentier a attaché son nom parmi nous, et si ce nom n'a pu lutter contre les effets de l'habitude, si la *parmentière* n'a pu conserver ce baptême de la reconnaissance, l'histoire de notre agriculture dira du moins l'influence que cet homme bienfaisant a eue sur l'avenir de nos générations.

De Gasparin.

(*Cours d'agriculture*, t. IV, p. 6.)

CHAPITRE IV

Légumes cultivés pour leurs graines.

Vingt-troisième leçon.

POIS. HARICOT. FÈVE. LENTILLE

93. Pois. — Les variétés de pois (*fig.* 53) cultivées dans le potager se divisent en deux groupes :

1° *Les pois mange-tout.* On consomme les *gousses* de ces légumes, c'est-à-dire les grains entourés de leur enveloppe (*fig.* 54). On sème les pois mange-tout au printemps : la récolte s'effectue pendant l'été.

Fig. 53. — Pois.

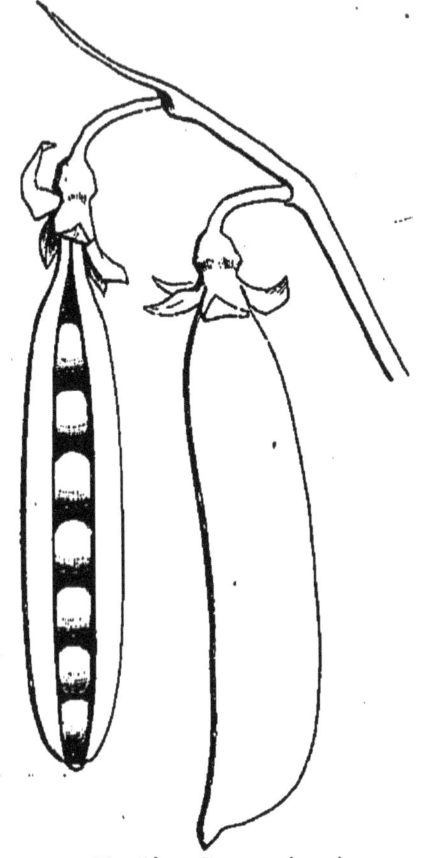

Fig. 54. — Gousses de pois.

2° *Les pois à écosser.* Ce groupe est bien plus important

que le précédent; il comprend deux catégories : les variétés *à rames* et les variétés *naines*.

On sème en février-mars le pois Prince-Albert (à rames), le pois de Clamart (à rames), et les variétés naines; le semis s'effectue à la volée ou en lignes. La récolte en vert commence en mai-juin. Lorsqu'on veut obtenir des pois secs, on procède au semis en avril et la récolte s'effectue en juillet-août.

A l'automne, on peut semer le pois Michaux, qui résiste parfaitement au froid; on le rame en février et on le récolte de bonne heure au printemps.

Les pois sont attaqués par un insecte, *la bruche*. C'est un petit charançon qui pond ses œufs dans la fleur du pois; chaque œuf donne naissance à une larve*, sorte de petit ver qui se développe dans le grain, grossit avec lui et le ronge à l'intérieur.

94. Haricot. — Il existe de nombreuses variétés de haricots *à rames* (soissons, rouge de Chartres, etc.) et de haricots *nains* (flageolet, suisse, *etc.*) (*fig.* 55); leurs grains sont diversement colorés.

Fig. 55. — Haricot.

Le haricot redoute les gelées printanières : on le sème en mai; les grains sont généralement disposés en *poquets**, espacés de 0m,30 à 0m,40 l'un de l'autre.

A la récolte, on arrache les plantes à la main quand les gousses sont sèches. On les expose à l'air, liées en bottes, sous un hangar, pour que leur dessiccation s'achève. Plus tard, on les bat au fléau. Les grains doivent être conservés dans un endroit sec.

On consomme beaucoup de haricots verts.

95. Conserves de haricots verts. — On choisit, pour préparer les conserves, des haricots verts très tendres. Lorsqu'ils sont épluchés, on les met pendant dix minutes dans l'eau bouillante; on les retire ensuite et, lorsqu'ils sont égouttés, on les place par couches pressées dans un pot, en alternant une couche de haricots avec une couche de sel. On ferme le pot avec une couche de beurre que l'on recouvre d'une feuille de papier, et l'on conserve en cave.

96. Fève. — On sème la fève (*fig.* 56) à la volée, quelquefois en lignes, de bonne heure au printemps, car cette plante craint peu les gelées.

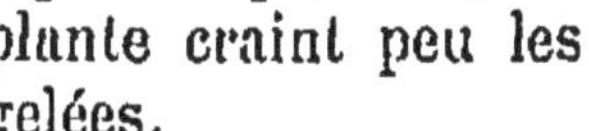

Fig. 56. — Fève. Fig. 57. — Lentille.

La récolte s'effectue lorsque les grains sont encore verts ou lorsqu'ils sont complètement secs, suivant l'usage qu'on veut en faire.

Dans certains pays, la farine de fève entre dans la fabrication du pain ; la farine de blé, mélangée avec une petite quantité de farine de fève, fournit un pain d'excellente qualité qui se conserve bien frais.

97. Lentille. — La lentille, dont on consomme les graines, est surtout cultivée en plein champ (*fig.* 57). On la sème à la volée au printemps ; on la récolte en septembre, lorsque ses tiges et ses graines sont sèches.

RÉSUMÉ

Les pois, dont on consomme les grains verts ou secs, se sèment en février-mars et sont récoltés en juillet-août ; le pois Michaux peut être semé à l'automne pour être récolté en vert en avril. Le haricot, qui redoute les gelées de printemps, est semé tard, en mai ; sa récolte en vert commence en juillet. Les fèves et les lentilles se cultivent comme les pois.

QUESTIONNAIRE

93. Comment classe-t-on les variétés de pois? — Parlez de la culture des pois. — Quel est l'insecte qui attaque les pois? — 94-95. Citez quelques variétés de haricots. — Comment cultive-t-on le haricot? — Comment prépare-t-on les conserves de haricots verts? — 96-97. Comment cultive-t-on la fève? — la lentille?

DEVOIR DE RÉDACTION

Culture des pois et des haricots dans le jardin potager.

CHAPITRE V

Autres légumes du potager.

Vingt-quatrième leçon.

CONCOMBRE. COURGE. MELON

98. Concombre. — Le fruit de cette plante, qui est charnu, est désigné sous le nom de *cornichon*, quand il est peu développé, et de *concombre* quand il est mûr (*fig.* 58).

Fig. 58. — Concombre.

On sème le concombre en mai, car il craint les gelées de printemps; on dispose la graine dans des poquets* préalablement remplis de fumier et espacés de 0m,60 l'un de l'autre.

On pince* la jeune plante sur deux feuilles; les fruits naissent sur les deux branches latérales qui se développent après le pincement. On ne conserve que sept à huit fruits par pied lorsqu'on veut obtenir des concombres; on en laisse beaucoup plus lorsqu'on veut obtenir des cornichons.

On conserve les cornichons marinés dans du vinaigre; on mange les concombres en salade.

99. Conserve de cornichons. — On recueille les fruits du concombre, ou *cornichons*, lorsqu'ils ont la grosseur du petit doigt; comme ils grossissent rapidement, il faut procéder à la cueillette tous les matins. On les essuie et on les saupoudre de sel; le lendemain, on les place dans un récipient rempli de vinaigre. Huit jours après, on les retire pour les mettre dans un autre bocal plein de vinaigre frais et l'on y ajoute généralement quelques oignons blancs (82). On conserve le bocal bien bouché dans un endroit frais.

100. Courges. — Les courges (*fig.* 59) se classent en deux groupes :

1° Les *potirons*, dont le fruit est très gros et à peu près rond.

2° Les *citrouilles*, dont le fruit est plutôt allongé; on les désigne quelquefois simplement sous le nom de courges.

Fig. 59. — Courge des Patagons.

On sème la courge au printemps, quand les gelées ne sont plus à craindre, sur des poquets* remplis de fumier; on pince* les jeunes plants à deux feuilles et on ne laisse généralement qu'un seul fruit par pied. La récolte s'effectue avant les gelées d'automne; les fruits sont conservés dans un endroit sain.

Les courges sont utilisées pour la préparation de potages : certaines variétés, à pulpe très sucrée, servent pour faire des confitures.

101. Melons. — On divise les variétés de melons en deux groupes :

1° Les *melons cantaloups* (*fig.* 60), dont les côtes sont très apparentes et l'enveloppe verruqueuse* (noir des Carmes, Prescott à fond blanc, etc.).

Fig. 60. — Melon cantaloup.　　Fig. 61. — Melon brodé.

2° Les *melons brodés* (*fig.* 61), dont les côtes sont peu apparentes et l'écorce non verruqueuse* (melon maraîcher, sucrin de Tours, etc.).

Ces plantes ne végètent et ne fructifient qu'à la condition d'être soumises à une température toujours élevée ; leur culture à l'air libre se fait surtout dans le Midi.

Sous le climat de Paris, le melon est semé sur couche (56) vers la fin de mars. La mise en place s'effectue sur couche lorsque la plante a développé quatre feuilles ; on pince* à ce moment à deux feuilles.

A l'aisselle des deux feuilles restantes naissent deux rameaux latéraux que l'on pince à huit feuilles : les fruits se développent sur les branches qui partent de ces rameaux latéraux.

Dès que l'on aperçoit les fruits, après la floraison, on pince toutes les ramifications et on ne laisse que deux fruits par pied ; on enlève tous les autres à mesure qu'ils naissent.

On récolte les melons environ quarante jours après la floraison.

RÉSUMÉ

Le concombre, dont le fruit jeune s'appelle cornichon, est semé en mai sur poquets remplis de fumier; la jeune plante est pincée à deux feuilles. Les potirons et les courges se sèment en avril-mai sur poquets remplis de fumier; on pince la jeune plante à deux feuilles et on ne laisse qu'un fruit par pied. Les melons, qui se divisent en deux groupes, les cantaloups et les melons brodés, sont produits à l'air libre dans le Midi et en culture forcée sous le climat de Paris; on laisse généralement deux fruits par pied.

QUESTIONNAIRE

98. Qu'appelle-t-on cornichon? — concombre? — Comment cultive-t-on le concombre? — 99. Comment prépare-t-on les conserves de cornichons? — 100. Comment classe-t-on les courges et comment les cultive-t-on? — 101. Comment classe-t-on les melons? — Comment s'effectue la culture de ces plantes sous le climat de Paris?

DEVOIR DE RÉDACTION

Expliquez comment on cultive le melon et dites quelques mots de la culture des légumes de la même famille, le concombre et la courge.

Vingt-cinquième leçon.

ARTICHAUT. ASPERGE

102. Artichaut. — La fleur de l'artichaut ressemble à celle du chardon; l'artichaut est cultivé pour les *bractées** qui entourent sa fleur (*fig.* 62).

L'artichaut se reproduit par ses drageons, qu'on appelle des *œilletons;* ce sont des pousses qui partent du collet de la plante.

On cultive l'artichaut soit à demeure dans le potager, soit en culture annuelle.

103. Culture à demeure pendant quatre ans. — Les œilletons sont recueillis à l'automne sur des pieds d'artichaut en pleine production. On les conserve en cave pendant l'hiver dans du sable frais et on les plante au printemps dans un carré bien défoncé et bien fumé, établi

Fig. 62. — Artichaut.

en dehors de l'assolement du potager (50-58); les pieds sont espacés à 1 mètre l'un de l'autre.

En été, les planches d'artichaut reçoivent divers binages et des arrosages.

Chaque année, à l'approche de l'hiver, on butte* les pieds d'artichaut, après avoir enlevé une partie des œilletons.

Une plantation ainsi établie donne de bonnes récoltes pendant quatre ans.

104. Culture annuelle. — Les œilletons recueillis à l'automne sont plantés en pots pendant l'hiver et conservés dans un endroit où il ne gèle pas; on les met en place de bonne heure au printemps et on leur donne pendant toute l'année d'abondants arrosages. Chaque pied produit deux ou trois *têtes* d'artichaut en août-septembre.

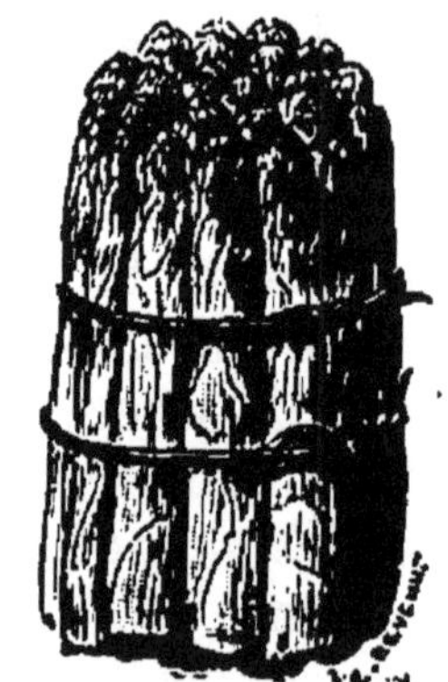

Fig. 63. — Botte d'asperges.

105. Asperge. — L'asperge (*fig.* 63), dont on mange les jeunes pousses, est une plante qui peut donner des produits pendant vingt ans; il faut donc établir le carré d'asperges en dehors de l'assolement du potager (50-58).

On sème au printemps des graines d'asperges en pépinière*; les jeunes plantes, nées de ces graines, s'appellent des *griffes*.

L'année suivante, on plante les griffes au printemps dans un terrain bien fumé, en les disposant à 1 mètre l'une de l'autre.

Le sol reçoit en été divers binages; en octobre, on coupe les tiges et on déchausse* les pieds d'asperge afin de permettre l'aération du collet de la plante et des racines.

Ces divers soins culturaux doivent être répétés chaque année. Le carré d'asperges est fumé en couverture* tous les deux ans.

La récolte commence à la troisième année de plantation; la cueillette des asperges s'effectue d'avril à juin.

RÉSUMÉ

L'artichaut, dont on mange les bractées de la fleur, est généralement cultivé à demeure pendant quatre ans : on le propage au moyen de ses drageons ou œilletons. L'asperge, dont on consomme les jeunes pousses, peut végéter pendant vingt ans sur le même carré; on établit cette culture en plantant des griffes d'asperges, c'est-à-dire des plants obtenus de semis; chaque année, on recueille les asperges d'avril à juin.

QUESTIONNAIRE

102. Comment propage-t-on l'artichaut? — 103-104. Parlez de la culture à demeure de l'artichaut; — de sa culture annuelle. — 105. Qu'appelle-t-on griffe d'asperge? — Comment cultive-t-on l'asperge?

DEVOIR DE RÉDACTION

La culture de l'asperge dans le potager.

Vingt-sixième leçon.

TOMATE. FRAISIER

106. Tomate. — La tomate produit des fruits rouges ou jaunes, qui sont consommés cuits, ou crus en salade, et qui servent à la préparation de sauces diverses (*fig.* 64).

Fig. 64. — Tomate.

Sous le climat de Paris, on sème la tomate sur couche (56) en février; on met les jeunes plants en place en mai, lorsque les gelées ne sont plus à craindre, et on les pince* à ce moment à trois ou quatre feuilles.

Les tiges de la tomate sont soutenues au moyen d'un tuteur ou palissées sur des fils de fer.

La récolte s'effectue depuis le mois de juillet jusqu'aux premiers froids. Un pied de tomate peut donner jusqu'à 3 kilogrammes de fruits.

107. Maladie. — La tomate est attaquée par une maladie analogue à celle de la pomme de terre. Pour empêcher cette maladie de se développer, il faut appliquer aux pieds de tomate le traitement à la *bouillie bordelaise*, que nous avons déjà indiqué (92).

108. Fraisier. — Les fruits du fraisier sont consommés en nature ou utilisés pour la préparation de confitures.

Le fraisier produit deux sortes de rameaux. Les uns sont fertiles; les autres sont stériles et s'allongent en filets, en portant, de distance en distance, des bouquets de feuilles; quand ils traînent sur le sol, ils s'enracinent au point où ils portent des feuilles et produisent ainsi des *stolons* (*fig.* 65).

On propage le fraisier par la plantation de stolons.

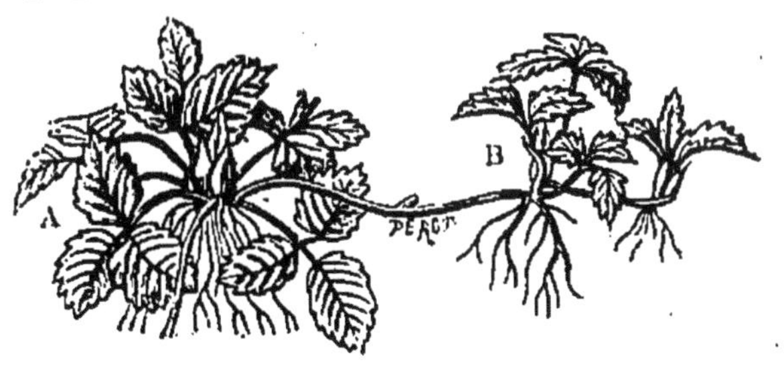

Fig. 65. — Fraisier (A, pied mère; B, stolon).

Les variétés de fraisiers se divisent en deux groupes :

1° *Les fraises des quatre saisons*, qui produisent des fruits de juin à septembre. Pour établir une planche de ces fraisiers, on plante à l'automne ou au printemps des stolons en les espaçant de 0m,30 environ. Cette plantation donne généralement des produits pendant trois ou quatre ans. Chaque année, au printemps, on effectue le binage du carré de fraisiers, et on enlève les stolons ou les filets desséchés; pendant l'été, le sol reçoit de fréquents arrosages.

2° *Les grosses fraises.* — Il en existe de nombreuses variétés : fraise docteur Morère, fraise Marguerite Lebreton, etc. Ces plantes peuvent être cultivées en planches ou en bordure dans le potager. On les propage par la plantation de stolons.

La production du fraisier est augmentée par des arrosages pendant l'été.

RÉSUMÉ

La tomate, dont on consomme les fruits cuits ou crus, est une plante du climat du Midi ; elle est atteinte par une maladie dont on la préserve en traitant les jeunes plantes avec la bouillie bordelaise. Les fraisiers, dont il existe deux catégories (fraises des quatre saisons et grosses fraises), se propagent par la plantation de stolons. Une planche de fraisiers est établie pour trois ou quatre ans ; on augmente sa production par des arrosages pendant l'été.

QUESTIONNAIRE

106. A quoi servent les fruits de la tomate? — Comment cultive-t-on cette plante? — 107. Comment la préserve-t-on de la maladie qui l'atteint? — 108. Comment classe-t-on les fraisiers? — Comment les cultive-t-on?

DEVOIR DE RÉDACTION

Culture des fraisiers dans le potager.

LE JARDIN FRUITIER

CHAPITRE PREMIER

Notions générales sur le jardin fruitier.

Vingt-septième leçon.

MULTIPLICATION DES ARBRES OU ARBRISSEAUX FRUITIERS

109. Classification des arbres fruitiers. — Les arbres ou arbrisseaux fruitiers ont été classés d'après l'organisation de leurs fruits.

Les trois principales divisions sont :

1° Les fruits à pépins : poirier, pommier, etc.

2° Les fruits à noyau : pêcher, prunier, cerisier, etc.

3° Les fruits à baies : vigne, groseillier, framboisier, etc.

Les arbres ou arbrisseaux fruitiers se multiplient, suivant les espèces, par semis, par bouturage, par marcottage, et quelquefois par greffage. Examinons ces différents modes de reproduction.

110. Semis. Le sauvageon ou franc. — Les végétaux se reproduisent le plus souvent par semis (**12**); c'est ainsi que se propagent naturellement les herbes sauvages, les arbres de nos forêts, etc., et, en grande culture, les céréales *, les plantes des prairies artificielles *, etc.

Ce mode de multiplication ne peut être employé pour la plupart de nos arbres fruitiers. Lorsqu'on sème un pépin de poirier, par exemple, on n'obtient jamais la variété qui a produit ce pépin : le plus souvent, l'arbre provenant de ce pépin donne des fruits mauvais et petits : on désigne cet arbre sous le nom de *sauvageon* ou de *franc*.

Cependant la règle précédente ne s'applique pas à tous

les arbres fruitiers : les semis de noyaux de pêchers ou de quelques variétés de pruniers donnent de bons arbres.

Mais il n'est pas possible de propager par semis les bonnes variétés de pommiers et de poiriers : on les multiplie par le greffage (28e *leçon*).

111. Bouturage. — La bouture est un rameau que l'on plante en terre pour qu'il s'enracine ; la bouture produit un végétal identique à celui d'où elle provient. Les végétaux à bois mou, le saule, le peuplier, la vigne, etc., se multiplient facilement par bouturage.

On distingue : la bouture *simple*, la bouture *à talon*, et la bouture *à crossette* (*fig.* 66).

La bouture doit être placée dans un sol meuble* et frais, pour que ses racines puissent se développer facilement.

On active la reprise de certaines boutures, en écorçant légèrement, sans attaquer le bois, la portion du rameau mise en terre.

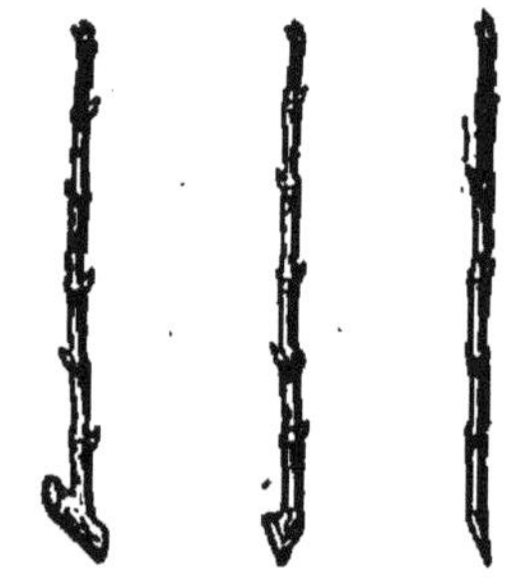

Bouture à crossette. Bouture à talon. Bouture simple.

Fig. 66. — Diverses boutures.

112. Marcottage. Drageons. — La marcotte est une portion de végétal, comme la bouture ; mais la marcotte reste fixée au végétal auquel elle appartient jusqu'à ce qu'elle ait produit des racines.

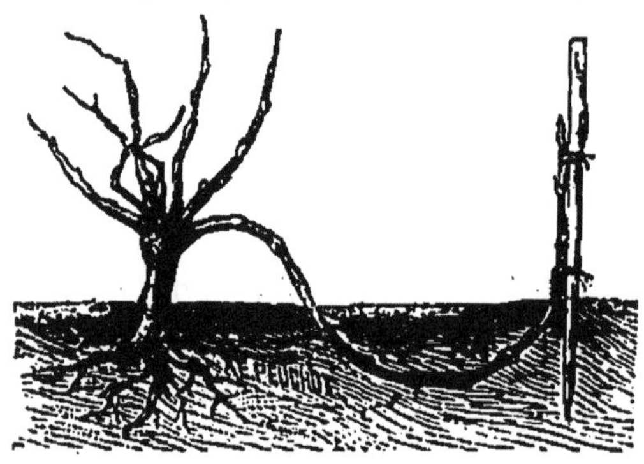

Fig. 67. — Marcotte.

Pour obtenir une marcotte, on couche en terre un

rameau en relevant son extrémité hors du sol (*fig.* 67); la partie qui est en terre s'enracine; l'année suivante, on sépare la marcotte de son pied mère et on la met en place.

Le marcottage est employé pour la multiplication de certaines espèces végétales qui se bouturent difficilement.

La marcotte, comme la bouture, produit toujours un végétal identique à celui qui lui a donné naissance : à ce point de vue, le marcottage et le bouturage diffèrent beaucoup du semis (110).

Certains végétaux, tels que l'artichaut (102), le framboisier, le groseillier, le chrysanthème, etc., émettent à leur base des rameaux qui s'enracinent et qu'on appelle des *drageons*. On reproduit facilement ces végétaux en plantant leurs drageons : on dit alors que ces végétaux se multiplient par *marcottage naturel*.

RÉSUMÉ

Les arbres ou arbrisseaux fruitiers se propagent par semis, par bouturage, par marcottage et par greffage. Le semis ne produit pas toujours un végétal identique à celui qui a donné les graines semées : c'est ainsi que, le plus souvent, un pépin de poire produit un sauvageon. On est obligé de multiplier par le greffage les bonnes variétés de poiriers et de pommiers. Le bouturage et le marcottage donnent toujours un végétal identique à celui qui a produit la bouture ou la marcotte plantée.

QUESTIONNAIRE

109. Comment classe-t-on les arbres fruitiers? — 110. Quels résultats le semis donne-t-il dans le jardin fruitier? — Qu'appelle-t-on sauvageon? — 111-112. Qu'est-ce que la bouture? — la marcotte? — Quels résultats le bouturage et le marcottage produisent-ils dans le jardin fruitier?

DEVOIR DE RÉDACTION

Comment multiplie-t-on les arbres ou les arbrisseaux fruitiers? Dites ce que vous savez sur les modes de multiplication employés.

Vingt-huitième leçon.

LE GREFFAGE

113. En quoi consiste le greffage. — Le greffage consiste à transporter sur un végétal qu'on appelle *sujet*, ou *porte-greffe*, une portion d'un autre végétal qu'on appelle *greffon*.

Le greffon se développe en conservant tous les caractères de la plante qui l'a produit.

Pour qu'une greffe réussisse, il faut :

1° Que les deux végétaux que l'on veut souder soient en voie de végétation ; on greffe au printemps, quelquefois à la fin de l'été ;

2° Que le cambium du sujet et celui du greffon soient bien en contact. C'est, en effet, par les deux zones cambiales (5) que s'effectue la soudure du porte-greffe et du greffon, et il est indispensable, dans toutes les espèces de greffes, que ces zones soient parfaitement appliquées l'une contre l'autre.

114. Quelques espèces de greffes. — 1° *Greffe en fente.* Pour exécuter cette greffe, on place le greffon, taillé en biseau, dans une fente pratiquée sur le sujet, qui a été, au préalable, coupé horizontalement à une certaine hauteur. On fait coïncider* l'écorce du sujet avec celle du greffon : on est ainsi à peu près certain que les deux zones cambiales sont en contact (*fig.* 68).

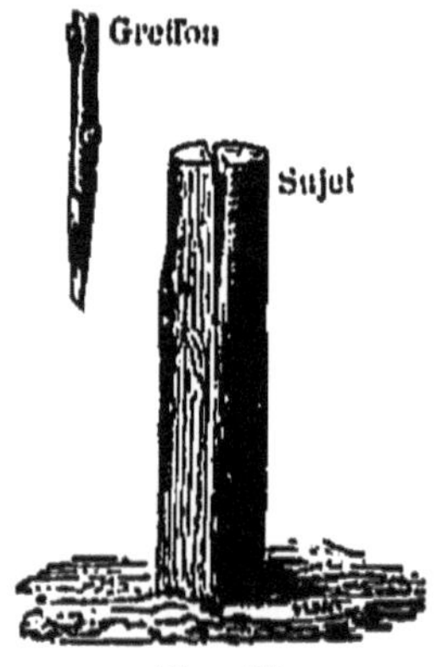

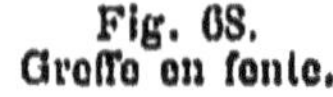
Fig. 68. Greffe en fente.

Fig. 69. Greffe en couronne.

La greffe *en fente double* consiste à placer deux rameaux sur le sujet aux deux extrémités de la fente.

La greffe *en couronne* (*fig.* 69) consiste à placer plusieurs greffons en couronne sur le sujet; on les introduit simplement sous l'écorce du porte-greffe.

2° *Greffe en écusson.* Le greffon est réduit à un œil ou bourgeon. On enlève l'œil en coupant une légère couche du bois qui se trouve au-dessous : on a ainsi l'*écusson*

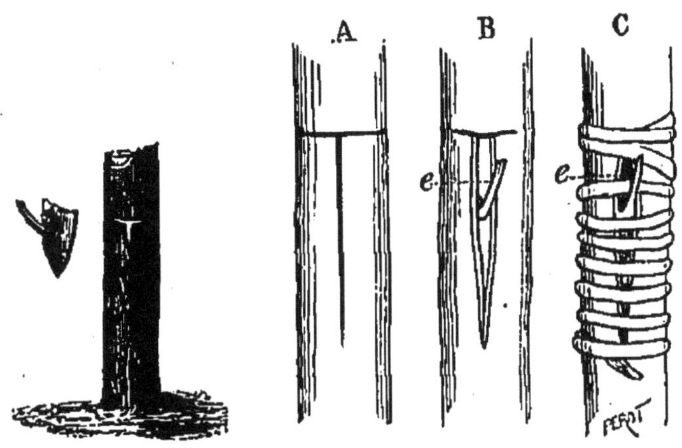

Fig. 70. — Greffe en écusson.

(*fig.* 70). On pratique sur l'écorce du sujet une incision en forme de T, dans laquelle on introduit l'écusson. Cette greffe s'effectue soit au printemps (greffe à œil poussant), soit en août (greffe à œil dormant).

115. Soins à donner aux greffes. — Aussitôt qu'une greffe est faite, il faut consolider le sujet et le greffon au moyen d'une ligature. Pour préserver les coupes de la sécheresse, on les recouvre, lorsque le greffon est placé, d'une sorte de mastic appelé *engluement.* L'onguent de Saint-Fiacre, très employé comme engluement, se compose de deux tiers de terre glaise* et d'un tiers de bouse de vache.

116. Avantages du greffage. — Le greffage permet de propager les bonnes variétés d'arbres fruitiers et de remplacer un arbre donnant de mauvais fruits par un arbre donnant de bons fruits.

En greffant un poirier sur un cognassier, on arrive à faire vivre dans un terrain peu profond, dont se contente le cognassier, un arbre qui, comme le poirier, exige une terre profonde.

Le greffage permet d'obtenir des arbres qui portent des fruits au bout de quelques années; il faudrait attendre trois ou quatre fois plus de temps si ces arbres étaient obtenus par semis.

Enfin le greffage permet de reconstituer nos vignobles détruits par le phylloxera, en utilisant comme porte-greffes certaines variétés de vignes américaines.

RÉSUMÉ

Pour qu'une greffe réussisse, quand elle est faite en temps convenable, il faut que la zone cambiale du sujet et celle du greffon soient en contact. On distingue : la greffe en fente, la greffe en couronne, la greffe en écusson, etc. Le greffage permet de multiplier sûrement les bonnes variétés d'arbres fruitiers, d'obtenir des arbres qui fructifient au bout de peu de temps, de reconstituer les vignobles détruits par le phylloxera.

QUESTIONNAIRE

113. En quoi consiste le greffage? — Quelles sont les conditions essentielles de réussite d'une greffe? — 114. Comment exécute-t-on la greffe en fente? — la greffe en couronne? — la greffe en écusson? — Quels sont les soins à donner aux greffes? — 116. Énumérez les avantages du greffage.

DEVOIR DE RÉDACTION

Quels sont les avantages du greffage? Indiquez les différentes sortes de greffes que vous connaissez.

CHAPITRE II

Etude des arbres fruitiers.

Vingt-neuvième leçon.

LE POIRIER

117. Le poirier; les bonnes poires. — Dans un jardin fruitier bien aménagé, on récolte des poires (*fig.* 71) depuis le mois de juillet jusqu'à la veille de l'hiver : les fruits cueillis à l'arrière-saison sont conservés jusqu'en mars.

Fig. 71. — Poire.

On peut récolter, en été, les fruits du *doyenné de juillet*, du *beurré Giffard*, du *bon chrétien William;* et plus tard, en septembre, les poires de *beurré Hardy*, de *louise bonne*, de *doyenné du comice*.

Au commencement de l'hiver, on récolte les fruits de la *crassane*, du *doyenné d'hiver*, du *colmar d'hiver*, de la *bergamote espéren;* les poires de ces trois dernières variétés mûrissent dans le fruitier pendant l'hiver.

118. Multiplication du poirier. — Le poirier se multiplie par le greffage.

On greffe le poirier sur *franc*, c'est-à-dire sur sauvageon (110), ou sur *cognassier* (voir n° 141).

Les poiriers greffés sur francs exigent un sol profond; ces arbres sont peu fertiles et produisent des fruits peu savoureux : mais ils sont vigoureux et vivent longtemps.

Les poiriers greffés sur cognassiers donnent des fruits savoureux au bout de trois ou quatre ans; ils s'accommodent d'un terrain peu profond; ces arbres ne sont jamais bien vigoureux.

119. Formation de la charpente de l'arbre. — Le poirier est cultivé en *plein vent* ou en *espalier*.

Fig. 72.
Poirier en pyramide.

L'arbre en plein vent est souvent abandonné à lui-même, dans les vergers par exemple; mais on peut le soumettre à la taille et lui faire prendre la forme de *pyramide* (*fig.* 72), de *fuseau*, de *colonne*, etc.

Le poirier peut être planté près d'un mur contre lequel ses tiges sont régulièrement disposées : l'arbre est ainsi cultivé en espalier; on lui fait prendre diverses formes dont la plus commune est la *palmette* (*fig.* 73).

Fig. 73. — Poirier en palmette.

120. Ennemis et maladies du poirier. — Le poirier est attaqué par beaucoup d'insectes; pour lutter contre ces ennemis, on enlève en hiver les vieilles écorces des arbres sous lesquelles les larves* viennent se cacher, puis on badigeonne le tronc et les tiges avec un lait de chaux* concentré.

Les poiriers portent souvent des plaies ou *chancres;* il faut, chaque année, nettoyer ces plaies en enlevant avec la serpette toute la surface de la partie malade que l'on recouvre ensuite avec un mastic analogue à celui qui sert pour le greffage (115).

Les feuilles et les fruits du poirier sont attaqués par divers champignons microscopiques : l'un d'eux produit la *tavelure* des poires; les fruits portent des taches noirâtres et sont déformés; ils ont un mauvais goût; on prévient cette maladie en traitant les poiriers, au printemps et en été, avec la bouillie bordelaise (92).

121. Utilisation des poires : compote. — Pour préparer la *compote*, on pèle les poires, puis on les découpe en trois ou quatre morceaux, suivant leur grosseur, en enlevant les pépins. On fait cuire ensuite les fruits dans de l'eau sucrée, en employant environ 150 grammes de sucre par verre d'eau.

RÉSUMÉ

On peut obtenir, dans le jardin fruitier, des poires depuis le mois de juillet jusqu'à l'hiver. Le poirier se multiplie par greffage sur franc ou sur cognassier. Cet arbre est cultivé en plein vent ou en espalier ; on lui donne la forme de pyramide, de fuseau, de palmette, etc. Il faut traiter les poiriers, chaque année au printemps, à la bouillie bordelaise, et, en hiver, les badigeonner avec un lait de chaux concentré.

QUESTIONNAIRE

117. Citez quelques bonnes variétés de poires. — 118. Sur quels sujets greffe-t-on le poirier? — 119. Comment cet arbre est-il cultivé? — 120. Citez quelques ennemis et maladies du poirier. — Pourquoi applique-t-on à cet arbre le traitement à la bouillie bordelaise? — 121. Comment prépare-t-on la compote de poire?

DEVOIR DE RÉDACTION

Culture du poirier dans le jardin fruitier.

Trentième leçon.

LA TAILLE DU POIRIER

122. La taille ; bourgeons à fruits et bourgeons à bois. — On exécute chaque année, en hiver ou au commencement du printemps, la taille du poirier, afin de régulariser la production de cet arbre. La taille s'effectue au moyen d'un sécateur (*fig.* 74).

Le poirier porte, au commencement du printemps, deux sortes de bourgeons : les bourgeons à bois et les bourgeons à fruits : ces derniers sont plus renflés et plus gros que les autres (*fig.* 75).

Les productions du poirier qui portent des bourgeons à fruits sont : la *lambourde*, le *dard* et la *brindille*. Celles qui portent des bourgeons à bois sont : le *rameau à bois* et la *gourmande*.

Fig. 74. Sécateur.

Fig. 75. — Rameau du poirier ; *a*, bourgeon à fruit ; *b*, bourgeon à bois.

1re année. 2e année. 3e année.

Fig. 76. — Lambourde.

123. Lambourde. Dard. Brindille. — La lambourde (*fig.* 76) et le dard (*fig.* 77) sont des productions courtes qui proviennent d'un bourgeon à bois, et qui, à leur troisième année, portent un bourgeon à fruit. On ne taille pas ces productions lorsqu'elles sont simples.

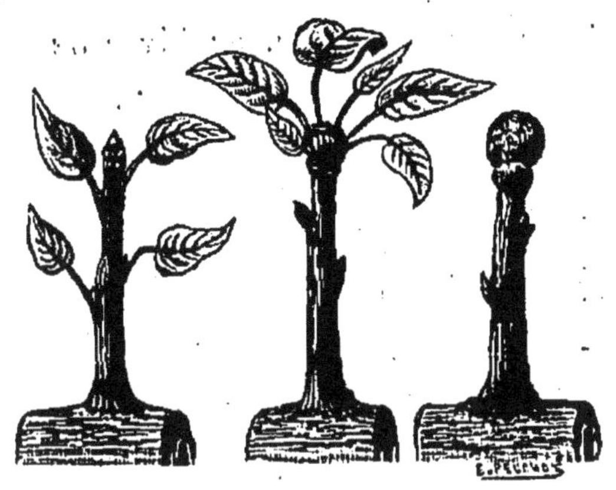

1re année. 2e année. 3e année.
Fig. 77. — Dard.

Fig. 78.
Lambourde taillée.

Mais la lambourde se ramifie au bout de quelques années; on la taille alors en lui laissant un ou deux bourgeons à fruits (*fig.* 78).

La brindille porte des bourgeons à bois et un ou plusieurs bourgeons à fruits; on la taille de façon à ne lui laisser qu'un seul bourgeon à fruit.

124. Rameau à bois. Gourmande. — Ces divers rameaux, produits chaque année, ne portent pas de bourgeon à fruit. On les taille en hiver à deux ou trois bourgeons *bien développés* : un de ces bourgeons peut donner naissance, l'année suivante, à une production fruitière.

Lorsqu'un arbre porte de nombreuses gourmandes, ce qui est dû à un excès de vigueur, on peut arriver à faire disparaître la cause du mal en allongeant ses branches de charpente; on peut encore tailler les gourmandes à cinq ou six bourgeons ou simplement casser leur extrémité, ce qui diminue la vigueur du végétal.

125. Bourse. — On désigne sous le nom de bourse un renflement qui se produit au point où une poire est attachée (*fig.* 79). La bourse porte à sa base des bourgeons qui se transforment facilement en bourgeons à fruits.

Le point d'insertion du fruit, exposé à l'air, se pourrit facilement : pour éviter cet inconvénient, on sectionne nettement la bourse au moment de la taille d'hiver.

Fig. 79. — Bourse.

126. Taille d'été. — La taille d'été comprend deux opérations :

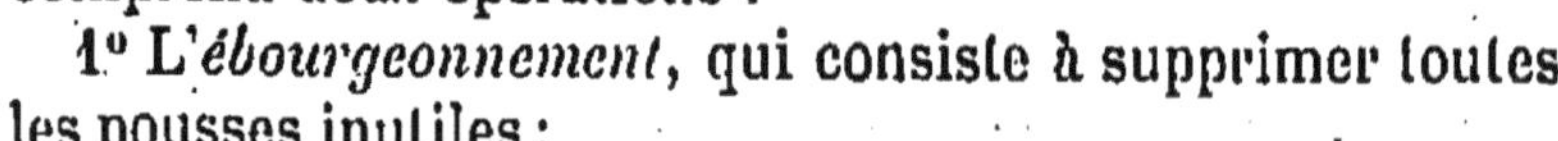

1° L'*ébourgeonnement*, qui consiste à supprimer toutes les pousses inutiles ;

1re année. 2e année. 3e année.

Fig. 80. — Résultat du pincement.

2° Le *pincement*, qui consiste à enlever, en juin-juillet, l'extrémité des pousses; on pince* à cinq ou six feuilles, les brindilles, les rameaux à bois et les gourmandes.

Le pincement favorise le développement des bourgeons à fruits (*fig.* 80).

Il peut arriver, si l'arbre est vigoureux ou même si le pincement est trop court, que les bourgeons du rameau pincé se développent en août et donnent naissance à des *rameaux secondaires* (*fig.* 81) ;

Fig. 81. — Pincement court. (Développement de rameaux secondaires.)

tous les rameaux secondaires doivent être pincés à deux ou trois feuilles.

RÉSUMÉ

On taille le poirier pour régulariser sa production. Les bourgeons à fruits sont portés par la lambourde, le dard et la brindille; on taille ces productions, s'il y a lieu, de façon à ne laisser sur chacune d'elles qu'un seul bourgeon à fruit. Les rameaux à bois et les gourmandes sont le plus souvent taillés à deux ou trois bourgeons bien développés. La taille d'hiver doit être complétée, en été, par l'ébourgeonnement et le pincement qui favorisent le développement des bourgeons à fruits.

QUESTIONNAIRE

122. Quelle différence faites-vous entre un bourgeon à fruit et un bourgeon à bois du poirier? — 123. Quelles sont les productions fruitières du poirier et comment les taille-t-on? — 124. Comment doit-on tailler les rameaux à bois et les gourmandes? — 125. Qu'appelle-t-on bourse? — 126. En quoi consiste la taille d'été du poirier?

DEVOIR DE RÉDACTION

Dites quelles sont les différentes productions que porte le poirier au moment de la taille d'hiver et indiquez comment on taille le poirier en hiver et en été.

LECTURE

Le poirier.

C'est un arbre qui atteint, selon les variétés, de 5 à 15 mètres de haut; la forme de sa ramure est pyramidale ou vaguement arrondie; ses feuilles sont ovales, acuminées, pétiolées.

La poire, quant à la saveur, est le fruit variable par excellence. On en compte aujourd'hui plus de deux mille variétés qu'on a divisées en fruits à couteau, fruits à cuire et fruits à cidre.

Lors de la création d'un jardin fruitier, la question du choix des variétés devient capitale. Ce choix, d'ailleurs, est soumis à bien des influences et surtout à celle du but qu'on se propose.

Crée-t-on un jardin de production, autrement dit veut-on spéculer sur les fruits? On adoptera des variétés précoces ou tardives, des variétés ayant du volume, de l'aspect et de la qualité. Car un jardin de spéculation est un terrain dont les produits sont destinés à satisfaire, au moment où cela lui coûte le plus cher, les goûts et les fantaisies du public.

Au contraire, les fruits du jardin privé sont appelés à contenter, et cela en tout temps, nos goûts personnels. C'est pourquoi le choix des variétés, en cette sorte de circonstance, se fait d'une autre façon. Il doit y avoir toutes sortes de fruits dans un jardin particulier, et chaque fruit doit être représenté par un nombre de variétés tel qu'il puisse nous permettre d'en manger à notre volonté depuis le plus précoce jusqu'au plus tardif.

Le poirier est l'un des arbres les plus difficiles sur la qualité du terrain ; pour donner de bons fruits, il exige surtout la perméabilité du sous-sol, il craint l'abondance du calcaire et se plaît notamment dans les terres d'alluvion, les tourbières assainies, les sols de remblai, etc.

Le climat de cet arbre est celui du centre et du sud-ouest, tempéré et doux ; sa situation préférée est celle des plateaux élevés, des grandes plaines, des coteaux abrités et à pente faible. On ne le plantera jamais dans les vallons étroits et humides qui lui sont redoutables à cause des gelées.

G. BELLAIR,
Traité d'horticulture pratique, p. 392.

Trente et unième leçon.

LE POMMIER

127. Le pommier ; les bonnes variétés. — Il existe plus de quatre mille variétés de pommiers, qui se divisent en deux groupes suivant qu'ils donnent des pommes *de table* (*fig.* 82), ou des pommes *à cidre*.

Fig. 82. — Pomme de Calville.

Les meilleures pommes de table sont produites par les variétés suivantes : le *borowitsky* et le *rambourg d'été*, dont les fruits mûrissent en septembre; la *reinette d'Angleterre*, un peu plus tardive ; on récolte, à la veille de l'hiver, les fruits du *calville blanc*, de la *reinette franche*, de la *reine des reinettes*, de la *reinette du Canada;* ces pommes mûrissent dans le fruitier pendant l'hiver.

128. Multiplication du pommier. — On greffe le pommier sur franc ou *sauvageon*, c'est-à-dire sur un arbre obtenu par semis d'un pépin de pomme (**110**), sur *doucin* et sur *paradis ;* ces deux derniers porte-greffes sont des variétés de pommiers que l'on multiplie par marcottage (**112**).

Les pommiers greffés sur doucins donnent des arbres de taille moyenne qui s'accommodent des sols peu profonds.

Le pommier paradis est une variété peu vigoureuse; l'arbre qu'il porte reste petit, mais il donne des fruits promptement.

On greffe plus particulièrement sur francs les pommiers de haute tige et les arbres à cidre.

129. Culture du pommier. — La culture du pommier diffère peu de celle du poirier, qui a été précédemment

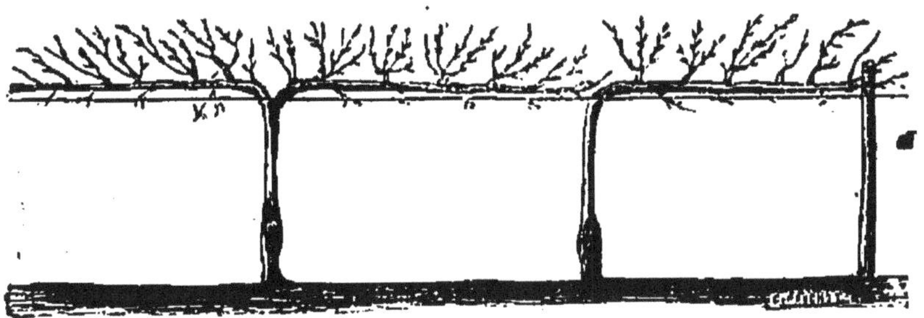

Fig. 83. — Pommiers en cordon.

étudiée. Cet arbre est souvent cultivé en plein vent; en espalier, on lui donne la forme de *cordon* (*fig.* 83).

La taille d'hiver, qui est indispensable pour régulariser la production du poirier, n'a pas une grande importance pour le pommier; cependant les arbres en espalier sont taillés, en hiver et en été, d'après les principes que nous avons étudiés en parlant du poirier (**122-126**).

130. Ennemis et maladies du pommier. — Le pommier porte parfois des chancres, comme le poirier; on les traite comme nous l'avons déjà dit (**120**).

Cet arbre est attaqué par plusieurs insectes, dont le plus redoutable est le puceron lanigère (*fig.* 84). Les piqûres de cet insecte produisent sur les rameaux des sortes de galles auxquelles succèdent des chancres. On peut arriver à détruire ce puceron en badigeonnant avec du pétrole les rameaux sur lesquels il vit; en hiver, on nettoie les arbres de leurs vieilles écorces et on les lave avec du pétrole.

Fig. 84. — Rameau de pommier attaqué par le puceron lanigère.

131. Utilisation des pommes. Marmelade. — Les pommes peuvent être préparées en compote, comme les poires (121).

La *marmelade* de pommes se prépare comme la compote, mais la cuisson des fruits est plus complète : on les laisse sur le feu jusqu'à ce qu'ils se transforment en une sorte de purée.

RÉSUMÉ

Le pommier se multiplie par greffage sur franc, sur doucin ou sur paradis. Il est cultivé en plein vent et parfois en cordon; sa taille, en hiver et en été, se pratique à peu près comme celle du poirier. Le pommier est attaqué par le puceron lanigère : on détruit cet insecte en badigeonnant avec du pétrole les rameaux sur lesquels il exerce ses ravages.

QUESTIONNAIRE

127. Citez quelques bonnes variétés de pommiers. — 128. Comment multiplie-t-on le pommier? — Qu'appelle-t-on doucin et paradis? — 129. Comment cultive-t-on le pommier? — 130. Citez quelques ennemis et maladies du pommier et dites comment on peut les combattre. — 131. Comment prépare-t-on la marmelade de pommes?

DEVOIR DE RÉDACTION

La culture du pommier dans le jardin fruitier.

Trente-deuxième leçon.

LE PÊCHER ET L'ABRICOTIER

132. Le pêcher; classification des variétés. — Le pêcher produit les meilleurs fruits à noyau.

Les variétés de pêches (*fig.* 85) se divisent en deux groupes, suivant que leur pellicule est duveteuse ou non.

Fig. 85. — Pêche.

1° Les pêches *duveteuses* comprennent deux catégories : les *pêches ordinaires*, dont la chair n'est pas adhérente au noyau, et les *pavies*, dont la chair est adhérente.

2° De même, les pêches *non duveteuses* se divisent en deux catégories : les *nectarines*, à chair non adhérente au noyau, et les *brugnons*, à chair adhérente.

133. Culture du pêcher. — Le pêcher redoute les sols humides.

Le pêcher *commun*, ou pêcher à vigne, est le plus souvent cultivé en plein vent; il n'est pas soumis à la taille. Sa multiplication s'effectue par le semis des noyaux du fruit : les jeunes arbres, obtenus en pépinière, sont plantés en plein champ au bout de trois ans. Le pêcher ainsi cultivé en plein vent ne vit que douze ou quinze ans.

Il existe des variétés de pêchers qui ne peuvent être propagées que par le greffage. On greffe le pêcher sur *franc*, sur *amandier* ou sur *prunier* Saint-Julien. Le pêcher greffé sur amandier exige une terre profonde et de bonne qualité; il produit un bel arbre; le pêcher greffé sur prunier s'accommode d'un sol peu profond.

Dans le jardin fruitier, le pêcher est fréquemment cultivé en espalier; on lui donne généralement la forme de palmette (119) et on le soumet régulièrement à la taille en hiver et en été.

134. Ennemis et maladies du pêcher. — Le pêcher est souvent attaqué par les pucerons ; on détruit ces insectes en répandant sur les arbres, au moyen d'un pulvérisateur (voir *fig.* 96), du jus de tabac étendu d'eau.

La *cloque* est une maladie particulière du pêcher; les feuilles sont couvertes de boursouflures; il faut enlever toutes les feuilles cloquées et les brûler.

Le pêcher est très sujet à la *gomme*.

135. L'abricotier. — L'abricotier se propage le plus souvent par semis; cependant certaines variétés ne peuvent être multipliées que par le greffage.

On greffe l'abricotier, comme le pêcher, sur *amandier* ou sur *prunier*.

L'abricotier craint beaucoup les gelées de printemps, car ses fleurs s'épanouissent de bonne heure. Sous le climat de Paris, il faut cultiver cet arbre dans une situation abritée des vents du nord. La culture et la taille de l'abricotier se pratiquent comme celles du pêcher.

136. Conserves d'abricots. Confitures. — Les abricots servent à préparer des compotes (121), des marmelades (131) et des confitures.

Les *confitures* sont des préparations qui peuvent se conserver assez longtemps parce qu'elles sont très sucrées. Le poids du sucre employé doit être égal au poids des fruits qui entrent dans la préparation. Le plus souvent, on favorise la dissolution du sucre par la cuisson sur un feu léger; lorsque la masse est cuite et le sirop suffisamment concentré, on laisse refroidir et l'on conserve la confiture dans des pots bien fermés.

RÉSUMÉ

Le pêcher redoute les sols humides : on le multiplie par semis et, plus rarement, par greffage sur amandier et sur prunier Saint-Julien. Dans le jardin fruitier, on conduit quelquefois cet arbre en espalier et on le soumet à la taille. Le pêcher est attaqué par les pucerons; il est atteint par la cloque et la gomme. L'abricotier, qui redoute les gelées printanières, se cultive comme le pêcher.

QUESTIONNAIRE

132. Comment classe-t-on les variétés de pêchers? — 133. Comment multiplie-t-on le pêcher? — Comment cultive-t-on cet arbre? — 134. Quelles sont les maladies qui atteignent le pêcher? — 135. Comment cultive-t-on l'abricotier? — 136. Comment prépare-t-on la confiture d'abricots?

DEVOIR DE RÉDACTION

Dites comment on cultive le pêcher et l'abricotier dans le jardin fruitier.

Trente-troisième leçon.

AUTRES ARBRES FRUITIERS

137. Le prunier. — Le prunier est presque toujours cultivé en plein vent; c'est un arbre rustique qui vient bien dans les sols légers.

Certaines variétés, telles que la *reine-claude*, la *mirabelle*, la *quetsche* se multiplient par semis. Mais on greffe les variétés rares sur *prunier Saint-Julien*, lorsqu'on veut obtenir de beaux arbres, et sur *prunier Mirobolan* pour obtenir de basses tiges.

On peut appliquer au prunier, dans le jardin, la taille d'hiver et la taille d'été; mais, dans les vergers, le prunier n'est pas soumis à la taille.

Les principales variétés cultivées pour la production des pruneaux sont : la reine-claude, la perdrigon (dans les Basses-Alpes), la prune d'Agen ou prune d'*Ente* (dans le Lot-et-Garonne), etc.

138. Conserves de prunes; fruits à l'eau-de-vie; pruneaux. — Les prunes servent à la préparation de confitures (136).

On les conserve dans l'eau-de-vie en procédant de la manière suivante : les fruits doivent être cueillis avant leur complète maturité et on leur laisse une portion de leur pédoncule ; on les place dans de l'eau-de-vie sucrée, en employant par kilogramme de fruits deux litres d'eau-de-vie et un kilogramme de sucre ; la préparation est conservée dans des flacons bien bouchés.

Les prunes desséchées sont désignées sous le nom de *pruneaux*. Pour les préparer, on recueille les prunes quand elles sont complètement mûres et on les laisse pendant quelques jours sécher au soleil ; on les range ensuite sur des claies que l'on place dans le four immédiatement après la cuisson du pain ; il faut répéter plusieurs fois cette opération, jusqu'à ce que les prunes soient suffisamment desséchées.

139. Le cerisier. — On distingue trois groupes dans les variétés de cerises : la cerise *commune*, qui est à peu près sphérique (*fig.* 86) ; la *guigne*, qui est allongée et dont la chair est molle ; le *bigarreau*, à chair croquante.

Fig. 86. — Cerises.

Le cerisier est toujours cultivé en plein vent. On le multiplie par greffage sur *Prunus mahaleb* (knou, bois de Sainte-Lucie), et parfois sur *merisier*, lorsqu'on veut obtenir de grands arbres. Le cerisier greffé sur bois de Sainte-Lucie s'accommode des sols secs et peu fertiles.

Les cerises, broyées en masse, entrent en fermentation* et le sucre qu'elles renferment se transforme en alcool* ; en soumettant les cerises fermentées à la distillation, on obtient une eau-de-vie désignée sous le nom de *kirsch*.

140. Conserves de cerises. Confitures. — Les cerises peuvent être conservées dans l'eau-de-vie comme les prunes (138).

On en fait des *confitures* qui se préparent de la façon

suivante : on place dans une bassine des cerises dont on a enlevé les noyaux et l'on y ajoute un poids égal de sucre et un peu d'eau, puis on chauffe sur un feu léger ; au bout de quelques heures, lorsque le sirop est suffisamment concentré, on met la confiture dans des pots que l'on recouvre le lendemain d'une rondelle de papier préalablement trempée dans de l'eau-de-vie ; les pots de confiture sont ensuite fermés et conservés dans un endroit sec.

Fig. 87. — Coing.

141. Le cognassier. — Le cognassier est un arbre rustique, qui s'accommode de tous les terrains ; il sert de porte-greffe au poirier (118) ; ses fruits (*fig.* 87) sont utilisés pour la préparation de confitures et de certaines liqueurs. Une variété, le *cognassier de Portugal*, produit des fruits plus parfumés que le cognassier commun.

Le cognassier se multiplie par marcottage (112) ; cet arbre est cultivé partout en plein vent.

RÉSUMÉ

Le prunier, dont les fruits sont consommés en nature ou transformés en pruneaux, se multiplie par semis et quelquefois par greffage sur prunier Saint-Julien ; cet arbre rustique est le plus souvent cultivé en plein vent. Le cerisier se propage par greffage sur bois de Sainte-Lucie ou sur merisier ; il est cultivé partout en plein vent. Le cognassier, qui se propage par marcottage, est peu exigeant sur le choix du terrain.

QUESTIONNAIRE

137. Comment multiplie-t-on le prunier ? — Comment cultive-t-on cet arbre ? — 138. Comment prépare-t-on les prunes à l'eau-de-vie ? — les pruneaux ? — 139. Comment propage-t-on le cerisier ? — Comment cultive-t-on cet arbre ? — 140. Comment prépare-t-on les confitures de cerises ? — 141. Parlez de la culture du cognassier.

DEVOIR DE RÉDACTION

Culture du prunier. Quels sont les procédés de conservation des fruits de cet arbre?

Trente-quatrième leçon.

CONSERVATION DES FRUITS

142. Récolte des poires et des pommes. — Les fruits des variétés de poires et de pommes mûrissant en été ou en automne sont recueillis sur l'arbre lorsqu'ils ont atteint leur complète maturité; on ne peut pas les conserver pendant longtemps.

Les poires et les pommes d'hiver peuvent être conservées pendant quatre ou cinq mois. On les récolte avant les gelées d'hiver, généralement en octobre; à ce moment, ces fruits ne sont pas mûrs; ils mûrissent dans le fruitier. La cueillette s'effectue à la main par un beau temps. On ne saurait trop prendre de précautions pour exécuter cette opération, car les fruits qui portent des blessures se gâtent très facilement.

Les poires et les pommes sont déposées pendant quelques jours dans une pièce aérée, sur une claie garnie de mousse. Ces fruits se couvrent parfois de fines gouttelettes d'eau; au bout de cinq ou six jours, quand leur surface n'est plus humide, on les place dans le fruitier, après les avoir essuyés avec un linge de flanelle.

143. Aménagement du fruitier. — Pour bien conserver les fruits, il faut les placer dans un milieu sec, non éclairé, où la température soit un peu basse et très peu variable; cette température doit être comprise entre 6 et 8 degrés environ. Une cave saine, un cellier, une pièce exposée au nord, peuvent servir pour l'installation du fruitier. On évite les variations de température par l'emploi de doubles fenêtres et de doubles portes.

Aux murs du fruitier sont fixées des tablettes, distantes l'une de l'autre de 0^{m},30 environ, et d'une largeur de 0^{m},50. Au milieu de la pièce, on peut aménager aussi des tablettes superposées.

Ces tablettes sont garnies de mousse sèche sur laquelle on dépose les fruits un à un ; ceux-ci ne doivent pas se toucher.

Les fruits sont rangés par catégories suivant leur époque de maturité.

On visite le fruitier deux ou trois fois par semaine pour enlever tous les fruits mûrs, gâtés ou même tachés.

Pour maintenir l'atmosphère sèche, il suffit d'exposer dans le local un peu de chaux vive (chaux en pierre).

144. Récolte des abricots, des cerises et des prunes. — Ces fruits ne peuvent être conservés frais que pendant quelques jours.

On les récolte le matin après la rosée.

Les prunes, les abricots et les cerises que l'on veut conserver dans l'eau-de-vie sont cueillis un peu avant leur maturité.

Les prunes que l'on veut transformer en pruneaux sont récoltées lorsqu'elles sont complètement mûres (138).

145. Séchage des pommes et des poires. — On peut conserver pendant cinq ou six ans des poires et des pommes qui ont été desséchées. Le procédé le plus simple pour dessécher ces fruits consiste à les peler et à les étendre sur des claies que l'on place dans le four après en avoir retiré le pain; il faut répéter deux ou trois fois cette opération.

Il existe des appareils permettant de dessécher les fruits ; ce sont des sortes d'étuves* chauffées au moyen d'un poêle.

RÉSUMÉ

Les pommes d'hiver sont récoltées avant les froids; elles achèvent de mûrir dans le fruitier. La température du fruitier doit être assez basse et peu variable; les fruits sont disposés sur des tablettes et isolés les uns des autres. Les abricots, les prunes et les cerises que l'on conserve dans l'eau-de-vie sont récoltés un peu avant leur complète maturité. Les pommes et les poires desséchées peuvent se conserver pendant plusieurs années.

QUESTIONNAIRE

142. Quelles sont les précautions à prendre pour récolter les poires et les pommes? — 143. Qu'appelle-t-on fruitier? — Quelles conditions doit remplir le fruitier? — Comment est-il aménagé? — 144. Parlez de la récolte des abricots, des prunes et des cerises. — 145. Comment sèche-t-on les poires et les pommes?

DEVOIR DE RÉDACTION

Comment la ménagère agricole doit-elle conserver sa provision de fruits pendant l'hiver?

LECTURE

Aménagement du fruitier.

Les habitants de Montreuil, qui fournissent Paris de fruits superbes jusqu'en mai, ont leur fruitier dans une chambre froide au premier étage. Pendant les grandes gelées, on met dans ce fruitier une petite terrine remplie de poussier allumé; mais il faut le lendemain laisser la porte ouverte, de crainte d'asphyxie.

La nécessité journalière de visiter et de voir tous les fruits d'un seul coup d'œil fait que l'on doit préférer les tablettes de bois superposées, placées le long du mur ou même au milieu de la chambre; on doit rejeter les tiroirs, boîtes, etc.; la surveillance se fait mal et le maniement de ces tiroirs secoue les fruits et les froisse.

A leur entrée au fruitier, les fruits ont quelquefois une température plus basse que l'air environnant et se couvrent alors d'humidité comme le ferait une carafe d'eau froide apportée dans une pièce chaude; on ne rangera ces fruits humides que lorsqu'ils seront ressuyés.

On place les fruits sur les tablettes, debout, sans qu'ils se touchent. Il faut éviter de les poser sur le bois, car ils se tacheraient au point de contact, et, de plus, la planche de sapin leur communiquerait son odeur résineuse. La mousse séchée au soleil est avantageuse pour garnir les tablettes; le sable fin devient humide.

On fait un choix des plus beaux fruits tardifs, puis on les enveloppe de papier gris; ils se conservent parfaitement et restent lisses; de plus, la privation de lumière leur fait prendre une belle couleur d'or.

Il faut se garder de mélanger ou de ranger ensemble sur une

tablette, des variétés hâtives et tardives; les premières, par leur odeur, provoqueraient une maturité prématurée des variétés tardives.

FORNEY,
La taille des arbres fruitiers, t. II, p. 344.

CHAPITRE III

Étude des arbrisseaux fruitiers.

Trente-cinquième leçon.

ARBRISSEAUX FRUITIERS

146. Framboisiers. — Le framboisier est un arbrisseau très rustique dont les fruits sont utilisés comme dessert ou pour la préparation de sirops ou de confitures (*fig.* 88). Les variétés de cet arbrisseau se divisent en deux groupes : 1° les *framboisiers ordinaires* qui ne donnent qu'une récolte par an; 2° les variétés *remontantes*, telles que la *merveille des quatre saisons*, etc., qui donnent deux récoltes par an.

Fig. 88. — Framboise.

On propage facilement le framboisier par la plantation des drageons (**112**) qu'il émet chaque année. On le plante, en général, en lignes et le sol où il végète est régulièrement cultivé.

Les branches qui ont fructifié se dessèchent à la fin de la saison. On les enlève par la taille en hiver; à ce moment, on coupe toutes les tiges restantes à 0m,80 ou 1m de haut.

147. Groseilliers. — Les groseilliers se divisent en trois groupes :

1° Les groseilliers *à grappes*, dont les fruits servent plus particulièrement à la préparation de confitures ; il existe des variétés à fruits rouges et des variétés à fruits blancs (*fig*. 89).

Fig. 89. — Groseillier à grappes.

2° Les groseilliers *cassissiers*, dont les fruits sont utilisés pour la préparation d'une liqueur désignée sous le nom de *cassis*.

3° Les groseilliers *épineux* (*fig*. 90), dont les fruits servent comme dessert ou pour la préparation de confitures.

Tous ces arbustes se reproduisent par marcottage naturel, c'est-à-dire par la plantation de leurs drageons (112) ; ils sont très rustiques ; leurs rameaux reprennent bien au bouturage.

Au bout d'un certain temps, les touffes de groseilliers deviennent trop volumineuses ; il est bon de les éclaircir* en supprimant par la taille un certain nombre de leurs tiges.

Fig. 90. — Groseillier épineux.

148. Conserves de groseilles ; gelées ; sirops. — Les fruits des groseilliers servent pour la préparation de confitures (136).

Les groseilles à grappes sont utilisées pour la fabrication de *gelées*, que l'on prépare avec le jus des fruits seulement. On presse les groseilles dans un linge afin d'en extraire le jus qu'elles renferment. On ajoute à ce jus son poids égal de sucre et l'on fait bouillir le mélange pendant un quart d'heure environ; puis on passe à nouveau dans un linge et on met en pots. La gelée de groseille est aromatisée quelquefois avec du jus de framboise.

Les groseilles permettent de préparer des sirops et des liqueurs. On peut préparer une bonne liqueur de *cassis* en procédant de la façon suivante : On écrase 1 kilogramme environ de groseilles de cassis que l'on met macérer* avec un litre de bonne eau-de-vie dans un vase bien bouché ; au bout d'un mois environ, on filtre le mélange en le pressant dans un linge ; le jus est ensuite sucré à raison de 500 grammes par litre ; on laisse reposer pendant quelques jours, puis on filtre à nouveau et l'on met en bouteilles.

149. Noisetier. — Le noisetier se rencontre dans la plupart des forêts, en France, à la lisière des bois. La variété la plus cultivée dans les vergers est la *noisette franche*.

Le noisetier se multiplie le plus souvent par semis ; lorsqu'on veut propager des variétés spéciales, il faut avoir recours au marcottage (**112**). Cet arbrisseau est très rustique ; il vient partout.

Lorsque le noisetier est très âgé, on coupe toutes ses branches près du sol ; cette opération s'appelle *recépage ;* le végétal recépé développe de nouveaux rameaux très vigoureux.

RÉSUMÉ

Le framboisier se multiplie par marcottage naturel ; chaque année, on enlève par la taille les branches qui ont fructifié et qui sont mortes. Les groseilliers se propagent par marcottage naturel ou par bouturage ; on distingue les groseilliers à grappes, les cassissiers et les groseilliers épineux ; ce sont des arbustes très rustiques : leurs fruits servent pour préparer des confitures, des gelées, des sirops. Le noisetier se multiplie par semis ou par marcottage; on recèpe cet arbrisseau lorsqu'il est âgé.

QUESTIONNAIRE

146. Parlez de la culture du framboisier. — 147. Comment divise-t-on les variétés de groseilliers? — Comment cultive-t-on ces arbustes? — 148. Comment prépare-t-on la gelée de groseilles? — la liqueur de cassis? — 149. Comment propage-t-on le noisetier? — En quoi consiste le recépage?

DEVOIR DE RÉDACTION

Culture du framboisier et du groseillier; utilisation des fruits de ces deux arbrisseaux.

Trente-sixième leçon.

LA VIGNE

150. La vigne; variétés de raisins de table. — La vigne est cultivée, en France, dans soixante-douze départements et occupe environ deux millions d'hectares.

Il existe plus de mille variétés de vignes cultivées, en France, pour la production des vins.

Les principales variétés de raisins de table sont : la *madeleine angevine*, le *précoce de malingre*, à grains blancs, la *madeleine noire ;* sous le climat de Paris, ces trois variétés mûrissent en juillet-août ; les *chasselas*, à grains blancs ou roses, le *portugais bleu* et le *frankental* à grains noirs, mûrissent en septembre.

151. Multiplication et plantation de la vigne.— La vigne se multiplie par la plantation de boutures (111) ou de marcottes (112) ; c'est ainsi que la vigne s'est propagée dans notre pays depuis les temps les plus reculés.

Aujourd'hui, la plupart des régions viticoles de la France sont envahies par le phylloxera (voir n° 156) qui détruit les variétés de vignes françaises ; dans tous les pays phylloxérés, on greffe la vigne française sur des cépages américains résistant au phylloxera et bien adaptés au sol du vignoble.

La greffe la plus usitée est la *greffe en fente anglaise* (*fig.* 91); on l'exécute au printemps; les greffes sont mises en pépinière* et on les plante l'année suivante, dans un sol bien défoncé.

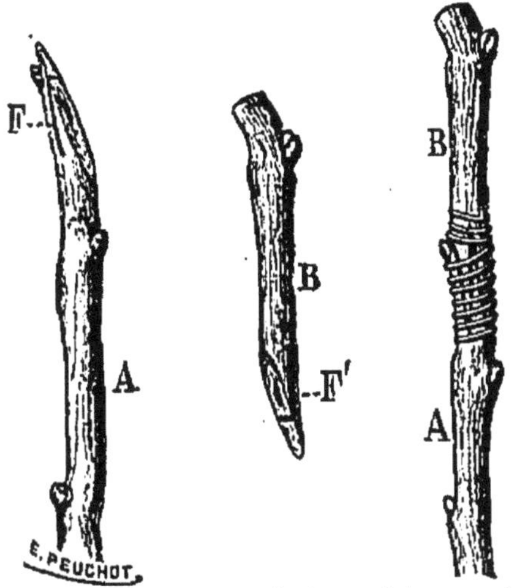

Fig. 91. — Greffe en fente anglaise. — A, sujet; B, greffon; AB, sujet et greffon assemblés et ligaturés.

152. Culture de la vigne. — Dans le jardin fruitier, les ceps de vigne, cultivés pour la production des raisins de table, sont le plus souvent conduits en *espalier* contre un mur, ou en *contre-espalier*, sur fils de fer. On leur applique, en hiver, la taille en *cordon horizontal* (*fig.* 92): la branche principale s'allonge horizontalement; elle porte, de distance en distance, des *coursonnes* sur lesquelles on laisse, au moment de la taille d'hiver, un ou deux sar-

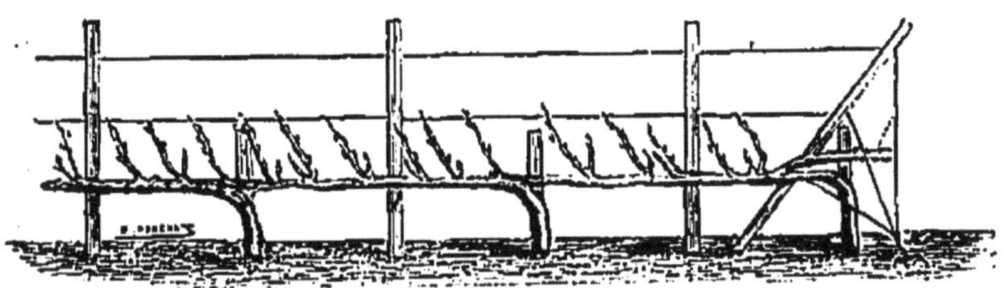

Fig. 92. — Taille en cordon horizontal.

ments que l'on taille généralement à deux ou trois bourgeons; on supprime les autres.

En mai, lorsque les pousses de la vigne atteignent de 10 à 12 centimètres, on pratique l'*ébourgeonnement;* cette opération très importante consiste à enlever de la souche les rameaux qui sont en excès, en commençant naturellement par ceux qui ne portent pas de fruit. Plus tard, on pratique le pincement*, c'est-à-dire qu'on enlève l'extrémité des tiges.

153. Accidents culturaux. — Les gelées de printemps compromettent souvent la récolte de la vigne; on peut en préserver les treilles en les abritant, du côté du soleil levant, par de légers paillassons ou, plus sûrement, en les recouvrant de toiles.

Il arrive quelquefois que des raisins qui se présentent avec une belle apparence au moment de la floraison, au lieu de fructifier normalement, se transforment peu à peu en vrilles* et quelquefois disparaissent totalement : cet accident est désigné sous le nom de *coulure*. Lorsque la coulure est due à l'excès de végétation des ceps, on peut y remédier en pratiquant l'*incision annulaire;* cette opération s'effectue à l'époque de la floraison ; elle consiste à enlever, au moyen d'un instrument spécial, un anneau d'écorce sur la tige au-dessous des grappes.

154. Cueillette et conservation du raisin. — On récolte le raisin par un beau temps, le matin après la disparition de la rosée.

Les grappes que l'on désire conserver sont placées généralement dans le fruitier sur des lits de mousse ou de fougère sèche, par exemple. On obtient les meilleurs résultats en renfermant les raisins dans un espace clos du fruitier, placard ou caisse, dans lequel on laisse évaporer de l'alcool ordinaire.

On peut retarder la cueillette du raisin et conserver pendant quelque temps les fruits sur l'arbuste en enfermant chaque grappe dans un *sac à raisin* pour la mettre à l'abri des insectes et des oiseaux.

Il est facile de conserver le raisin pendant tout l'hiver en procédant de la façon suivante : au moment de la cueillette, on enlève avec le fruit une portion de la branche qui le porte et l'on place l'extrémité de cette branche dans un flacon plein d'eau.

RÉSUMÉ

On cultive comme raisins de table : la madeleine angevine, la madeleine noire, le précoce de malingre, le chasselas, le portugais bleu, etc. La vigne se multiplie par la plantation de greffes. Dans le verger, on conduit cet arbrisseau en espalier ou en contre-espalier, et on lui applique chaque année la taille d'hiver et la taille d'été. La récolte peut être compromise par la gelée, la grêle et la coulure; il est à recommander de pratiquer l'incision annulaire des rameaux au moment de la floraison.

QUESTIONNAIRE

150. Quelles sont les principales variétés de raisins de table? — 151. Comment multiplie-t-on la vigne? — 152. Quels sont les soins culturaux à donner à la vigne? — 153. Comment peut-on préserver la vigne de la gelée? — de la coulure? — 154. Quels sont les procédés employés pour conserver les raisins?

DEVOIR DE RÉDACTION

Culture de la vigne dans le jardin fruitier. Récolte et conservation des raisins.

Trente-septième leçon.

ENNEMIS ET MALADIES DE LA VIGNE

155. La pyrale. La cochylis. — La pyrale est un papillon dont la chenille ronge les feuilles et les tiges de la vigne. La chenille se cache, en hiver, dans les fissures des souches et sous les écorces du vieux bois; on la tue en arrosant les ceps, en hiver, avec de l'eau bouillante.

La cochylis est un papillon qui se reproduit deux fois dans une année; ses premières larves* dévorent les jeunes grappes ou moment de la floraison; ses larves de deuxième génération se développent dans les grains de raisin quelque temps avant la vendange. Pour éviter les ravages de la cochylis, on enlève, en hiver, les mousses et les vieilles écorces qui recouvrent les ceps et l'on arrose ceux-ci avec de l'eau bouillante.

156. Le phylloxera. — Le phylloxera est un petit insecte, de trois quarts de millimètre de long, qui attaque les racines et les radicelles de la vigne (*fig.* 93); les radicelles attaquées noircissent et meurent; la souche diminue de vigueur et périt au bout de trois ou quatre ans.

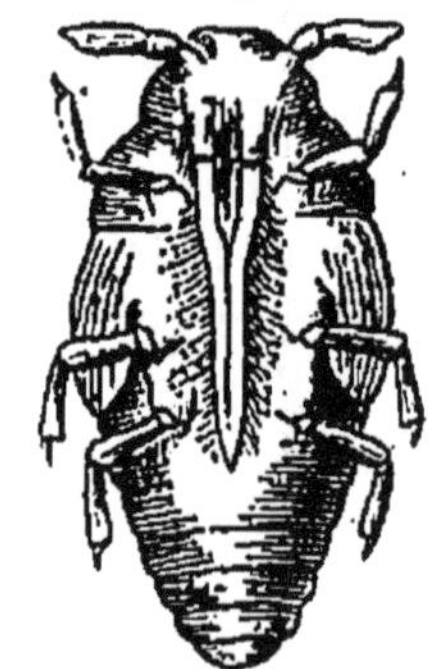

Fig. 93. — Phylloxera (très grossi).

Un moyen certain d'éviter les ravages de cet insecte consiste à greffer les variétés de vignes françaises sur des variétés de vignes américaines judicieusement choisies, comme nous l'avons déjà indiqué (151).

157. L'oïdium. — L'oïdium est un champignon qui envahit les parties vertes de la vigne : feuilles, tiges, raisins; il donne aux parties contaminées une odeur de moisi; à l'arrière-saison, les parties envahies sont brunes. Les grains attaqués se fendillent et sont perdus (*fig.* 94).

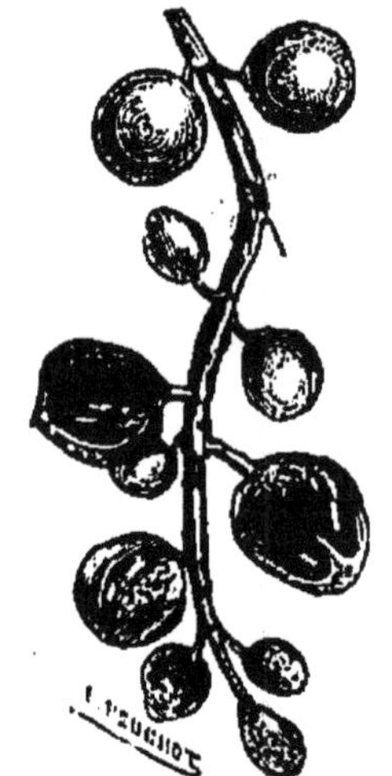

Fig. 94. — Raisin attaqué par l'oïdium.

Pour combattre cette maladie, on répand sur les organes de la vigne du soufre en fleur au moyen d'une sorte de soufflet. Cette opération doit être effectuée dès l'apparition de la maladie; on recommence plus tard le soufrage si l'oïdium apparaît de nouveau.

158. L'anthracnose. — Cette maladie est causée par un champignon qui produit sur tous les organes de la vigne des plaies noirâtres (*fig.* 95).

On combat l'anthracnose en badigeonnant les souches et les sarments, en hiver, avec une solution renfermant 50 kilogrammes de sulfate de fer* et 1 litre d'acide sulfurique* dans 100 litres d'eau.

159. Le mildiou. — Le mildiou est un champignon

qui attaque, en été, les raisins, les feuilles et les tiges de la vigne. Les feuilles atteintes portent des taches brunes sur la face supérieure et blanchâtres sur la face inférieure; plus tard les taches ont la couleur d'une feuille morte. Cette maladie fait des progrès très rapides lorsque le temps est à la fois chaud et humide.

Fig. 95. — Raisin attaqué par l'anthracnose.

On empêche le mildiou de se développer en répandant par aspersion sur la vigne une solution d'un sel de cuivre. Le liquide le plus employé, et dont les effets sont incontestables, est connu sous le nom de *bouillie bordelaise;* voici sa composition :

Eau	100 litres
Sulfate de cuivre*	1^{Kgr},500
Chaux* vive.	1 kilogramme.

Cette bouillie est appliquée sur les feuilles de la vigne

Fig. 96. — Pulvérisateur.

par un temps calme, au moyen d'un pulvérisateur (*fig.* 96).

Mais le traitement doit être effectué avant l'apparition de la maladie ; il doit être *préventif*. Il est souvent utile de renouveler ce traitement deux ou trois fois dans une saison.

RÉSUMÉ

On combat la pyrale et la cochylis en nettoyant les souches de vigne, en hiver, et en les arrosant avec de l'eau bouillante. Pour préserver les vignes françaises du phylloxera, on les greffe sur des cépages américains bien choisis. On combat l'oïdium par l'emploi du soufre en poudre ; l'anthracnose, par l'emploi d'une dissolution concentrée de sulfate de fer ; on préserve les vignes du mildiou en les traitant avec la bouillie bordelaise.

QUESTIONNAIRE

155. Quels sont les dégâts causés par la pyrale? — par la cochylis? — Comment combat-on ces deux insectes? — 156. Quels sont les ravages causés par le phylloxera? — Comment préserve-t-on les vignes françaises de cet insecte? — 157-158. Comment peut-on combattre l'oïdium? — l'anthracnose? — 159. Comment prévient-on la maladie connue sous le nom de mildiou?

DEVOIR DE RÉDACTION

Dites ce que vous savez sur les moyens de combattre les ennemis et les maladies de la vigne.

CHAPITRE IV

Ennemis et auxiliaires du jardin.

Trente-huitième leçon.

160. Les animaux et les insectes nuisibles. — Les récoltes de nos champs et de nos jardins sont attaquées par une foule d'animaux : les *souris*, les *mulots*, toutes les espèces de *chenilles*, de *limaces*, etc., vivent de ces récoltes.

Mais ce sont les *insectes* qui causent le plus de ravages. La larve* du hanneton (*fig.* 97), le ver blanc (*fig.* 98),

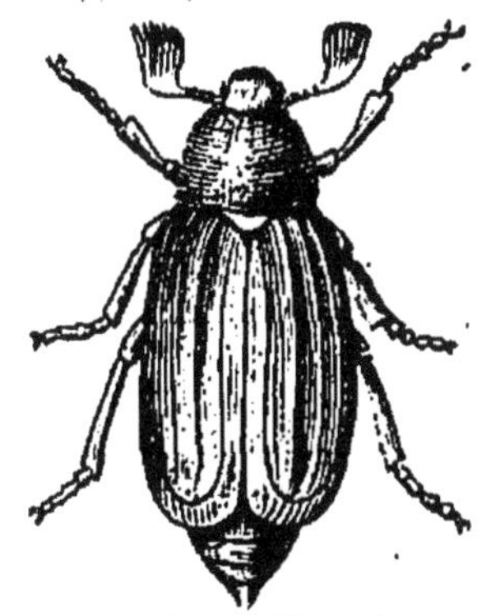
Fig. 97. — Hanneton.

Fig. 98. — Ver blanc.

s'attaque à toutes les racines des plantes et les ronge; l'insecte parfait mange les feuilles des arbres.

Chaque culture a pour ainsi dire ses ennemis particuliers. Dans le jardin potager, les choux, les salades, etc., sont dévorés par les chenilles, les pucerons, etc.; les pois sont attaqués par les bruches (**93**). Dans le jardin fruitier, les arbres sont envahis par les pucerons; les fruits du poirier, du pommier, du cerisier, etc., renferment souvent des larves* d'insectes qui les rongent et leur enlèvent toute valeur.

161. Les animaux et les insectes utiles. — Parmi les animaux qui vivent dans nos champs, il faut bien connaître ceux qui sont utiles; le *hérisson* (*fig.* 99) mange des souris, des vers, des limaces; la *musaraigne*, la *chauve-souris*, vivent d'insectes; la *taupe* cherche en terre des larves*, des insectes, mais cause quelquefois des désordres dans les jardins.

Fig. 99. — Hérisson.

Cependant quelques insectes sont utiles au cultivateur; le *carabe doré* (*fig.* 100), la *coccinelle*, les *staphilins*, vivent de larves* d'autres insectes nuisibles; ce sont des chasseurs qui poursuivent partout les pucerons et en font leur nourriture.

162. Les oiseaux, auxiliaires du cultivateur. — Les oiseaux, en faisant la chasse aux insectes, rendent d'inappréciables services au cultivateur.

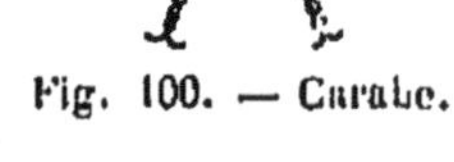

Fig. 100. — Carabe.

Certains oiseaux de proie, comme les *chouettes*, les *hiboux*, détruisent les souris et les mulots. On a observé qu'une *buse* pouvait détruire de 600 à 700 souris par an.

Mais ce sont surtout les petits oiseaux, de la taille du *moineau* et du *chardonneret*, qui font la chasse aux insectes (*fig.* 101).

Fig. 101. — Oiseau détruisant des chenilles.

Les *fauvettes*, les *pinsons*, les *mésanges*, les *bergeronnettes*, les *rouges-gorges*, les *pipits* ou *becfigues*, etc., détruisent par jour un poids d'insectes supérieur à leur propre poids. On a observé un couple de fauvettes pendant une journée, et on a vu ces oiseaux rapporter à leurs petits plus de 500 chenilles.

Le moineau se nourrit bien de quelques grains de nos récoltes; c'est cependant un auxiliaire du cultivateur, car il détruit beaucoup d'insectes. Un savant a pu compter les débris de 700 hannetons autour d'un seul nid de moineaux; un autre a observé qu'un couple de ces oiseaux avait porté en une heure 40 insectes à sa jeune couvée.

L'oiseau, armé d'un bec fin, doué d'une vue perçante, sait fouiller les buissons, les herbes touffues, pour y découvrir les insectes parfaits, leurs larves* ou leurs œufs.

Il faut favoriser la propagation des oiseaux.

RÉSUMÉ

Les récoltes de nos champs et de nos jardins sont attaquées par une foule d'animaux nuisibles. Ce sont les insectes qui causent le plus de ravages : hannetons et vers blancs, chenilles, pucerons de toutes sortes, etc.; quelques insectes cependant, le carabe doré, la coccinelle, etc., sont utiles. Les oiseaux sont pour nous des auxiliaires précieux, car presque tous vivent d'insectes nuisibles : un couple de fauvettes a détruit 500 chenilles en un jour. Il faut favoriser la propagation des oiseaux.

QUESTIONNAIRE

160. Citez quelques animaux et insectes nuisibles. — 161. Citez quelques insectes utiles. — 162. Quels services les oiseaux peuvent-ils nous rendre? — Citez quelques exemples de destruction d'insectes par les oiseaux.

DEVOIR DE RÉDACTION

Quels sont les insectes nuisibles que vous connaissez? Montrez que les oiseaux sont des auxiliaires du jardin.

LECTURE

Le hanneton.

Ce coléoptère est d'une coloration générale brunâtre, chocolat; les antennes sont surmontées d'une massue composée de sept feuillets chez le mâle, de six seulement chez la femelle; sur le côté de l'abdomen, on remarque des taches triangulaires blanches; l'extrémité de l'abdomen se prolonge en pointe.

La larve du hanneton, ou *ver blanc*, quand elle a atteint toute sa croissance, est blanche, arquée, plissée : sa tête est jaunâtre, et la bouche est armée de fortes mandibules. Le dernier anneau de l'abdomen est plus gros que les autres, de couleur noirâtre, les six pattes sont jaunes. La longueur de la larve est de 45 millimètres.

C'est au printemps que l'on voit apparaître les insectes parfaits. Cette apparition coïncide avec les premiers jours un peu chauds. Dans les années froides, les hannetons ne montent qu'en juin. On les voit alors gagner les branches des arbres et ronger les feuilles avec avidité. C'est surtout le soir qu'il volent de tous côtés.

La femelle s'enfonce dans la terre et y dépose ses œufs. Ces œufs, dont le nombre varie de douze à trente, sont blanc-jaunâtre, de la grosseur d'un grain de chènevis. Cette tâche accomplie, elle ne tarde pas à mourir, suivant de près le mâle qui a succombé quelques jours auparavant.

Au bout d'un mois, six semaines, les œufs éclosent et alors apparaissent les larves, qui commencent à ronger les petites racines se trouvant à leur portée. Elles grandissent peu à peu, arrivant, au mois de septembre, à une longueur d'environ 20 millimètres. A cette époque, elles s'enfoncent profondément dans la terre, pour se défendre contre le froid, et là, tombant dans une sorte de sommeil hivernal, elles s'engourdissent et ne prennent plus de nourriture.

Quand reviennent les beaux jours, ces larves se réveillent et remontent près du sol. Jusqu'alors elles étaient restées groupées; mais, à cette époque, elles se séparent; chacune d'elles creuse une galerie, dévorant sur son passage les racines qui se trouvent à sa portée. Elles errent ainsi pendant toute la belle saison, causant les plus sérieux dommages.

A l'automne, elles s'enfoncent de nouveau profondément dans la terre et hivernent pour la seconde fois, puis se réveillent au printemps de l'année suivante.

Au bout de trois ans, elles ont atteint toute leur croissance; c'est à l'automne qu'elles se creusent une petite cellule et se transforment en nymphes. Puis, au printemps suivant, l'insecte parfait sort de terre et s'envole sur les arbres.

P. Brocchi,

Traité de zoologie agricole, p. 603.

LES VÉGÉTAUX D'ORNEMENT

Trente-neuvième leçon.

PLANTES ANNUELLES ET BISANNUELLES

163. Culture des fleurs. — Les fleurs, qui servent à l'ornementation du jardin et de la maison d'habitation, sont cultivées, soit en pleine terre, soit en pots.

En pleine terre, dans le jardin, elles servent pour la confection de *corbeilles*, de *massifs* et de *bordures*.

Pour les cultures en pots, on emploie une terre perméable et très riche; on obtient une bonne terre en mélangeant deux tiers de terre de jardin avec un tiers de terreau.

Les plantes cultivées pour leurs fleurs se multiplient généralement par semis (110), quelques variétés par bouturage (111) et greffage (113). Les soins à leur donner consistent surtout dans des arrosages régulièrement effectués tous les soirs pendant la saison chaude.

Fig. 102. — Balsamine.

Les végétaux d'ornement peuvent être divisés en quatre catégories : 1° plantes annuelles; 2° plantes bisannuelles; 3° plantes herbacées vivaces; 4° arbustes d'ornement.

164. Plantes annuelles. Balsamine. — La balsamine (*fig.* 102), dont les fleurs sont diversement colorées, se sème en pépinière*, en avril-mai; on la transplante plus tard en ayant soin d'enlever avec la jeune plante la terre qui adhère aux racines.

Fig. 103. — Reine-marguerite.

Les fleurs de la balsamine sont simples ou doubles*.

On cultive de même la **belle de nuit**, dont les fleurs s'épanouissent le soir, le **pétunia**, dont la coloration des fleurs varie du blanc au rouge, l'**œillet de Chine**, très utilisé pour les bordures et les massifs, la **reine-marguerite** (*fig.* 103), le **souci**, l'**immortelle**, le **zinnia**, etc.

165. **Capucine.** — Les feuilles de cette plante (*fig.* 104) sont rondes et le pétiole est inséré au milieu du limbe (6). Certaines variétés de capucines sont à tiges grimpantes; on les utilise pour garnir des treillages, des fenêtres, etc.

On sème la capucine en place, en avril-mai; ses fleurs s'épanouissent pendant tout l'été.

On cultive de même, en les semant directement en

Fig. 104. — Capucine. Fig. 105. — Bleuet.

place, le **bleuet** (*fig.* 105), le **réséda**, dont les fleurs parfumées sont disposées en grappes, le **pois de sen-**

Fig. 106.
Fleur de pois de senteur.

Fig. 107.
Fleur de giroflée des murailles.

teur (*fig.* 106), le **soleil**, le **volubilis**, dont la fleur en entonnoir est blanche, rose ou bleue, et qui sert à garnir les treillages, les fenêtres, etc.

166. Plantes bisannuelles. Giroflée. — La giroflée est connue à l'état sauvage sous le nom de *giroflée des murailles* (*fig.* 107); les jardiniers en ont produit de nombreuses variétés à fleurs diversement colorées, simples ou doubles*, quelquefois disposées en forme de grappes. On sème la giroflée en mai-juin; on la repique (62) plus tard en pleine terre où cette plante passe bien l'hiver; elle fleurit au printemps suivant.

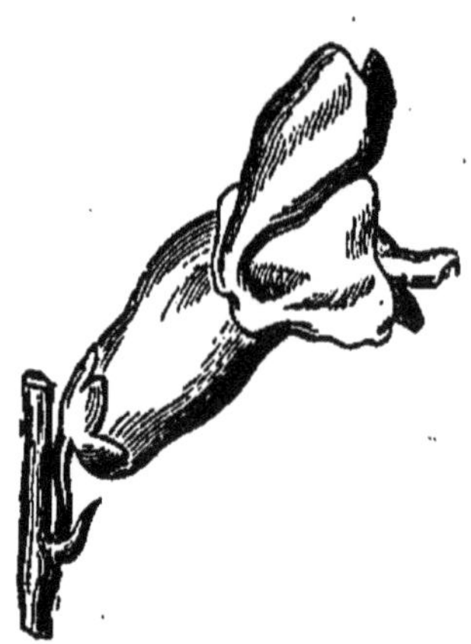

Fig. 108. Fleur de muflier.

Fig. 109. — Fleur de pensée.

On cultive de même le **muflier** (*fig.* 108), désigné quelquefois sous le nom de **gueule de loup**; le **myosotis**, à fleurs bleues ou blanches, utilisé pour les bordures et les massifs; les **pensées**, à fleurs bleues, jaunes, blanches, noires ou panachées* (*fig.* 109). La **scabieuse** et la **silène** se sèment en août généralement; on les met en place avant l'hiver.

RÉSUMÉ

Les fleurs servent à l'ornementation du jardin et de la maison d'habitation. Certaines fleurs annuelles, telles que la balsamine, la belle de nuit, le pétunia, la reine-marguerite, etc., se sèment au printemps, en pépinière; on les repique plus tard. D'autres, telles que la capucine, le bleuet, le réséda, etc., se sèment directement en place. Les principales fleurs bisannuelles sont : la giroflée, le muflier, le myosotis, les pensées, etc.; on les sème en été et on les repique avant l'hiver.

QUESTIONNAIRE

163. Quels sont les soins à donner aux cultures de fleurs? — 164-165. Citez quelques fleurs annuelles. — Comment les cultive-t-on? — 166. Citez quelques fleurs bisannuelles et dites comment on les cultive.

DEVOIR DE RÉDACTION

Citez quelques plantes annuelles cultivées pour leurs fleurs et indiquez comment on les cultive.

Quarantième leçon.

PLANTES HERBACÉES VIVACES

167. Le chrysanthème. — Le chrysanthème est une plante (*fig.* 110), qui émet ses fleurs à l'automne: il en existe plus de mille variétés.

Le chrysanthème se multiplie le plus souvent par la plantation de ses drageons (**112**) au printemps. Les jeunes plants sont pincés* lorsqu'ils atteignent 0m,15; quelques semaines plus tard, on pince à nouveau les rameaux latéraux pour favoriser la ramification de la plante.

Fig. 110. — Chrysanthème.

Certaines variétés précoces peuvent être cultivées partout en pleine terre; mais les variétés qui fleurissent en octobre-novembre doivent être cultivées en pots sous le climat du centre; on les rentre dans les appartements pour les mettre à l'abri des gelées. Sous le climat de Paris, les drageons sont généralement conservés pendant l'hiver en cave dans du sable frais.

Fig. 111. — Fleur d'iris.

On cultive de même, en plantant des portions de souche au printemps, l'**ancolie**, l'**anémone du Japon**, qui fleurit d'août à octobre, les **iris** (*fig.* 111); le **muguet**, assez commun dans nos bois; la **pâquerette** (*fig.* 112); le **phlox**, qui fleurit de juillet à septembre; la **pivoine**, cultivée surtout pour la décoration des gazons.

168. L'œillet (*fig.* 113). — L'espèce la plus répandue est l'*œillet des fleuristes*, dont il existe de très nombreuses variétés à fleurs diversement colorées ou maculées*. On le multiplie par semis, par bouturage (111) ou par

Fig. 112.
Fleur de pâquerette double.

Fig. 113.
Œillet de Chine simple.

marcottage (112). Les fleurs apparaissent de juin à septembre.

Les deux autres espèces sont : l'*œillet mignardise*, dont les pétales sont finement découpés, et l'*œillet des poètes*, dont les fleurs sont réunies en bouquet; on les multiplie le plus souvent par la plantation de touffes au printemps. Ces plantes sont abritées des froids pendant l'hiver.

169. La violette (*fig.* 114). — La violette existe à l'état sauvage à la lisière des bois, le long des chemins, etc.; elle donne des fleurs simples, inodores ou parfumées.

Fig. 114. — Violette simple.

Fig. 115. — Jacinthe.

On cultive comme plantes d'ornement la violette des *quatre saisons*, à fleurs simples ou doubles*; la violette *blanche*; la violette de *Parme*, variété assez délicate qui est surtout plantée en pots. Toutes ces variétés se multiplient par la plantation de portions de touffes au printemps.

170. Plantes bulbeuses. La jacinthe (*fig.* 115). — Les fleurs de la jacinthe, diversement colorées, sont simples ou doubles*; elles apparaissent en avril-mai. Après la floraison de la plante, lorsque les tiges sont fanées, on recueille les bulbes* qui se sont formés en terre pendant la végétation, et on les conserve dans un endroit sain,

Fig. 116. — Tulipes. Fig. 117. — Crocus.

car ils servent à multiplier le végétal.

La plantation des bulbes* de jacinthe s'effectue en oc-

Fig. 118. — Dahlia.

tobre-novembre; on les place dans une bonne terre mêlée de terreau à une profondeur de 10 à 12 centimètres environ. Sous le climat de Paris, on les protège des froids de l'hiver en recouvrant la plantation d'un paillis.

On cultive de même : la **tulipe** (*fig.* 116) ; le **crocus** (*fig.* 117) ; le **narcisse** ; le **lis** ; le **perce-neige**, qui fleurit en février-mars. Le **glaïeul** se reproduit par la plantation de ses bulles au printemps.

Le **dahlia** (*fig.* 118) se multiplie par la plantation au printemps d'une portion de souche, c'est-à-dire d'une racine portant un rudiment de tige ; il en est de même du **bégonia**, plante rustique qui fleurit tout l'été, et du **canna**, grande plante herbacée qui permet d'établir des massifs d'un très bel effet.

RÉSUMÉ

Les principales plantes herbacées vivaces cultivées pour leurs fleurs sont : le chrysanthème, l'anémone, l'iris, la pâquerette, la pivoine, etc. ; on les multiplie par la plantation au printemps d'une portion de souche ; l'œillet et la violette se propagent de la même manière. Les plantes bulbeuses, telles que la jacinthe, la tulipe, le crocus, etc., se reproduisent au moyen de leurs bulbes que l'on plante à l'automne : le dahlia, le bégonia et le canna se multiplient par la plantation au printemps d'une portion de souche.

QUESTIONNAIRE

167. Comment cultive-t-on le chrysanthème ? — Citez quelques fleurs qui se cultivent comme le chrysanthème. — 168-169. Comment cultive-t-on l'œillet ? — la violette ? — 170. Comment multiplie-t-on la jacinthe ? — Citez d'autres plantes bulbeuses cultivées pour leurs fleurs. — Comment multiplie-t-on le dahlia ?

DEVOIR DE RÉDACTION

Culture du chrysanthème. Citez d'autres plantes d'ornement dont la culture est analogue à celle du chrysanthème.

Quarante et unième leçon.

AUTRES PLANTES D'ORNEMENT. ARBUSTES

171. Fuchsia. Pelargonium. — Le fuchsia est un petit arbrisseau rustique, qui est très cultivé en pots : ses fleurs sont en forme de clochettes (*fig.* 119). On le reproduit par la plantation de boutures au printemps. Avant l'hiver, on rentre les fuchsia pour les mettre à l'abri des gelées ; on supprime alors toutes les pousses qui ne sont pas complètement lignifiées.

Fig. 119. — Fleurs de fuchsia.

Le pelargonium, improprement dénommé *geranium*, se multiplie, comme le fuchsia, par la plantation de boutures ; il exige les mêmes soins.

172. Rosier. — Le rosier est un arbrisseau épineux, dont on a obtenu de très nombreuses variétés, produisant des fleurs doubles* de couleur rouge, blanche ou jaune, avec des tons différents (*fig.* 120).

Fig. 120. — Rose.

Certaines variétés fleurissent plusieurs fois pendant la saison ; on les appelle *hybrides remontants*. D'autres variétés possèdent des tiges *grimpantes* qui se développent rapidement et abondamment ; on les utilise pour garnir des murs, des kiosques, des arbres morts, etc.

Les tiges du rosier se bouturent facilement (111), et la multiplication de cet arbuste ne présente aucune difficulté. De plus, le rosier émet des drageons : on peut donc le reproduire plus facilement encore par marcottage naturel (112).

Mais les variétés rares de cet arbuste sont généralement multipliées par le greffage. On greffe le rosier sur sauvageon (110), c'est-à-dire sur églantier (*fig.* 121) : le plus souvent on pratique la greffe en écusson à œil dormant (114).

Fig. 121. — Fleur du rosier sauvage ou églantier.

173. Soins d'entretien du rosier. — Les soins à donner aux rosiers grimpants sont peu importants ; il suffit chaque année, en hiver, de supprimer les branches mortes et d'enlever les drageons inutiles ; on donne aux tiges une direction convenable.

Les rosiers greffés sont généralement soumis à la taille d'hiver. Les roses apparaissent sur le bois d'un an. Chaque coursonne de deux ans porte naturellement plusieurs rameaux âgés d'un an. La taille du rosier consiste donc à sectionner la coursonne de deux ans immédiatement au-dessus du rameau inférieur qu'elle porte ; ce rameau d'un an est alors raccourci généralement à 20 ou 25 centimètres.

On dirige les coursonnes et les rameaux d'un an de façon que l'arbuste présente une forme agréable à l'époque de sa floraison.

174. Autres arbustes d'ornement. — Le **lilas** est un arbrisseau dont les fleurs violacées ou blanches apparaissent en mai ; elles sont disposées en bouquet. On cultive le lilas en touffe ou en massif ; ses rameaux se bouturent facilement ; mais on le multiplie le plus souvent par la plantation de ses drageons (112). De temps en temps, on supprime quelques grosses branches afin d'éclaircir les touffes.

Les allées du jardin sont quelquefois bordées de **buis**; c'est un arbuste à feuilles persistantes qui se multiplie aisément par la plantation de boutures ou de touffes.

Le **chèvrefeuille**, la **clématite**, la **glycine**, le **lierre**, la **vigne vierge**, plantes robustes et grimpantes, sont utilisés pour garnir certains pans de vieux murs et pour entourer les kiosques.

Les arbres toujours verts, tels que le **sapin**, le **pin**, le **cyprès**, etc., sont parfois plantés dans le jardin comme végétaux d'ornement.

RÉSUMÉ

Le fuchsia et le pelargonium, très cultivés en pots, se multiplient par bouturage. Le rosier se multiplie par bouturage, par marcottage naturel et par greffage; certains rosiers sont taillés en hiver; les roses naissent sur le *bois d'un an*. Le lilas et le buis se multiplient par bouturage. On cultive quelquefois, comme végétaux d'ornement, le chèvrefeuille, la clématite, etc., pour garnir les murs et les kiosques, et certains arbres verts, le sapin, le pin, etc.

QUESTIONNAIRE

171. Comment cultive-t-on le fuchsia? — le pelargonium? — 172. Comment multiplie-t-on le rosier? — 173. Quels sont les soins à donner à cet arbuste? — 174. Comment multiplie-t-on le lilas? — le buis? — Citez d'autres arbustes cultivés pour l'ornementation du jardin.

DEVOIR DE RÉDACTION

La culture du rosier.

LA LAITERIE

CHAPITRE PREMIER

Production du lait.

Quarante-deuxième leçon.

LA VACHE LAITIÈRE

175. Sécrétion du lait. — Le lait est un aliment de premier ordre; c'est un aliment complet puisque le jeune animal s'en nourrit exclusivement pendant son premier âge; il joue un rôle fort important dans l'alimentation humaine.

Le lait est sécrété* par les glandes* mammaires, qui sont renfermées dans l'organe de la vache qu'on appelle le *pis* ou la *mamelle*. Ces glandes extraient le lait du sang qui circule autour d'elles; le lait se réunit dans des canaux qui débouchent à l'extrémité des *trayons* ou *mamelons*.

Lorsqu'on veut apprécier une vache laitière, il faut examiner: 1° le pis; 2° les veines mammaires; 3° l'écusson.

176. Examen du pis. — La quantité de lait sécrétée* par la vache laitière est, en général, proportionnelle au volume de la mamelle. Le pis doit donc être suffisamment volumineux; parfois, le développement du pis est dû à des masses musculaires ou graisseuses; dans ce cas, il ne diminue presque pas de volume quand le lait en a été extrait.

La peau du pis doit être fine et souple, recouverte d'une couche de pellicules qui donnent au toucher la sensation d'une matière grasse.

La masse du pis ne doit pas être ramassée sur elle-même (*fig.* 122), mais elle doit s'étendre sous le ventre (*fig.* 123).

177. Examen des veines mammaires. — Le sang qui alimente le pis arrive à cet organe par les *artères**;

Fig. 122. — Pis mal fait.

Fig. 123. — Pis bien fait.

la plus grande partie du sang qui a traversé la glande* mammaire retourne au cœur par deux veines, très visibles, qui rampent sous le corps de l'animal et qu'on appelle *veines mammaires*.

Si les veines mammaires sont volumineuses, très apparentes, c'est un signe qu'il passe beaucoup de sang dans le pis et que cet organe sécrète* beaucoup de lait.

178. Examen de l'écusson. — En arrière du pis, la bonne laitière porte sur la peau une sorte de figure bien

Fig. 124. — Écusson.

Fig. 125. — Autre forme d'écusson.

délimitée à laquelle on donne le nom d'*écusson* (*fig.* 124 et 125) : la forme de l'écusson est très variable.

Si l'écusson est très développé, s'il a une grande surface, il indique généralement que la vache est une bonne laitière; peu importe sa forme.

Lorsque la surface de l'écusson est recouverte d'une matière grasse onctueuse au toucher, c'est un indice que la vache produit un lait riche en matière grasse, c'est-à-dire en beurre.

179. Autres caractères de la bonne laitière. — La bonne vache laitière a une peau fine, souple, recouverte de poils soyeux.

La tête est fine, le squelette peu volumineux, la ligne du dos droite, la poitrine suffisamment ample, le bassin très développé, ce qu'on reconnaît à l'écartement des hanches.

Les membres doivent être écartés; ainsi disposés, les membres antérieurs indiquent une poitrine ample et les membres postérieurs n'étreignent pas le pis qui se trouve à son aise.

180. Les races laitières. — Dans chaque race, il y a de bonnes et de mauvaises laitières. Mais certaines races sont bien plus aptes que d'autres à produire le lait. Les vaches de race *flamande*, de race *hollandaise* et de *race normande*, peuvent donner jusqu'à 3500 litres de lait pendant une période de lactation; ce sont, en général, de très bonnes laitières. Les vaches de race *charollaise* en donnent beaucoup moins. Les vaches de race *bretonne* donnent peu de lait parce qu'elles sont petites; mais leur lait est très riche en matière grasse.

RÉSUMÉ

Le lait est sécrété par une glande renfermée dans la mamelle ou pis. Le pis de la bonne vache laitière est volumineux; il s'étend sous le ventre; la peau qui le recouvre est fine et souple; les veines mammaires sont très apparentes; l'écusson présente une grande surface. La tête de la bonne laitière est fine; la ligne du dos droite, la poitrine ample et le bassin très développé. Les principales races laitières sont : la race flamande, la race hollandaise et la race normande.

QUESTIONNAIRE

175. D'où provient le lait? — Comment est-il sécrété? — 176. Quelle est la forme que doit avoir le pis? — Qu'appelle-t-on veines mammaires? — 178. Qu'appelle-t-on écusson? — 179. Quels sont les autres caractères de la bonne vache laitière? — 180. Citez quelques races laitières.

DEVOIR DE RÉDACTION

Enumérez les caractères distinctifs de la bonne vache laitière.

Quarante-troisième leçon.

NOURRITURE ET ENTRETIEN DE LA VACHE LAITIÈRE

181. Nourriture des bovidés pendant le jeune âge. — Les bovidés demandent, dans leur jeune âge, une nourriture abondante, composée d'aliments riches. Le pâturage, quand il est praticable, remplit toutes les conditions pour le développement des jeunes bovidés; ceux-ci peuvent se déplacer et courir à volonté dans un milieu où ils trouvent l'air, la lumière et la nourriture en abondance.

Quand le jeune animal est élevé à l'étable, il faut s'efforcer de le rapprocher des conditions du pâturage; son logement doit être bien aéré et bien éclairé.

182. La digestion chez les bovidés. La météorisation. —Les bovidés sont des ruminants; leur estomac est formé de quatre poches : la panse, le bonnet, le feuillet et la caillette (*fig.* 126). Les aliments, grossièrement broyés par les dents, sont d'abord introduits dans la panse; et, lorsque l'animal a terminé son repas, il les *rumine*, c'est-à-dire qu'il les fait remonter dans sa bouche pour les broyer plus complètement.

Certains aliments, consommés en vert, comme le trèfle et la luzerne, peuvent amener le gonflement de la panse. Cet accident, qui survient également chez le mouton, s'appelle la *météorisation;* il met la vie de l'animal en danger. Quand un bovidé est météorisé, il faut se hâter de lui faire prendre environ un litre d'eau *ammoniacale;* ce liquide s'obtient en ajoutant à un litre d'eau une cuillerée à bouche d'ammoniaque* ou alcali volatil.

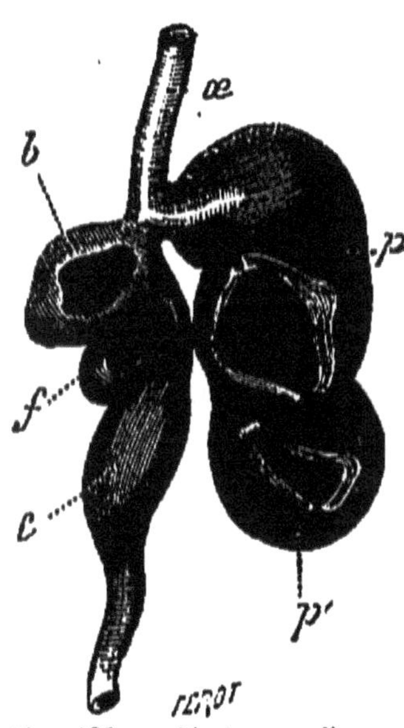

Fig. 126. — L'estomac d'un ruminant. — *œ*, œsophage; *pp'*, panse; *b*, bonnet; *f*, feuillet; *c*, caillette.

183. Nourriture de la vache laitière. — La nourriture de la vache influe beaucoup sur son rendement en lait.

Pendant la belle saison, la vache laitière peut trouver au pâturage toutes les matières nutritives dont elle a besoin.

Pendant la mauvaise saison, elle est nourrie à l'étable et consomme des aliments très divers. Le foin, la paille hachée, etc., qui sont des aliments secs, ne conviennent guère aux laitières; il faut associer à ces matières des aliments aqueux*, tels que des betteraves découpées en tranches, etc. A ces aliments aqueux, qui sont peu riches, on ajoute des aliments concentrés*, tels que du son, des farines, des tourteaux*, etc., qui, macérés* dans l'eau, constituent des buvées.

Les meilleurs tourteaux* pour les laitières sont ceux de chanvre, d'œillette, de sésame, d'arachide; ceux de navette et de moutarde communiquent au lait un mauvais goût.

Les pommes de terre qui entrent dans l'alimentation des laitières doivent toujours être servies cuites.

Pendant l'hiver, les vaches abreuvées à l'eau tiède fournissent plus de lait que celles qui sont abreuvées à l'eau froide.

184. Logement des vaches laitières. — L'étable doit être tenue dans un grand état de propreté; les murs doivent être passés chaque année à la chaux ; il faut nettoyer chaque jour les mangeoires.

Quand le fumier et le purin s'accumulent dans l'étable, il se dégage de ces matières de l'ammoniaque*; or, pendant la traite, le lait est exposé à l'air de l'étable, il se charge de mauvaises odeurs qui altèrent sa qualité. Il faut joindre aux divers soins de propreté une ventilation modérée.

La température de l'étable a une certaine influence sur la sécrétion du lait; la plus convenable est comprise entre 12 et 15 degrés.

RÉSUMÉ

La nourriture des bovidés pendant leur jeune âge doit être particulièrement soignée. Les bovidés sont des ruminants; lorsqu'ils consomment certains aliments verts, ils peuvent être atteints de météorisation. A l'étable, la vache laitière est nourrie avec un mélange d'aliments secs et d'aliments aqueux, auxquels on associe une quantité suffisante d'aliments concentrés. L'étable doit être toujours tenue dans un grand état de propreté, sinon l'atmosphère se charge d'ammoniaque qui altère la qualité du lait.

QUESTIONNAIRE

181. Comment doit-on nourrir les jeunes bovidés? — Quel est le régime qui leur convient le mieux? — 182. Parlez de la digestion chez les bovidés. — Qu'appelle-t-on météorisation? — 183. Quels sont les aliments qui conviennent aux laitières? — 184. Comment l'étable doit-elle être tenue?

DEVOIR DE RÉDACTION

Soins à donner à la vache laitière; nourriture et logement.

Quarante-quatrième leçon.

LA LACTATION. LE LAIT

185. La lactation. — La durée de la lactation, c'est-à-dire de la période pendant laquelle la vache produit du lait, est de trois cents jours environ.

La quantité de lait sécrétée* diminue du commencement à la fin de la lactation, non pas graduellement, mais à trois ou quatre époques ; on peut, à ce point de vue, diviser la durée de la lactation en trois ou quatre périodes, dont la première est de trente jours environ et les autres de quatre-vingt-dix jours environ.

Les aptitudes laitières de la vache augmentent avec l'âge jusque vers huit ans ; à partir de ce moment, elles diminuent jusqu'à la vieillesse.

186. La traite. — On extrait le lait du pis par *mulsion ;* c'est l'opération de la traite.

Au début de la lactation, le nombre des traites est de trois par jour; plus tard, on le réduit parfois à deux. Lorsqu'on pratique trois traites par jour au lieu de deux, on peut obtenir plus de lait et le lait recueilli est plus riche en principes nutritifs.

Il faut, à chaque traite, vider complètement la mamelle ; l'expérience montre que les dernières parties de la traite sont plus riches en beurre que les premières.

Le lait étant un liquide très altérable, il faut apporter une grande propreté dans toutes les opérations de la traite ; le pis doit être soigneusement lavé avant la mulsion : le lait doit être recueilli dans des vases bien propres, préalablement lavés à l'eau bouillante.

187. Composition du lait. — Le lait de vache, dont la composition est peu variable, renferme en moyenne :

Eau.	86,00	p. 100
Matière azotée ou caséine. . .	4,00	—
Matière grasse ou beurre. . .	4,50	—

Sucre de lait ou lactose. . . .	5	p. 100
Sels en dissolution.	0,50	—

La *caséine* se trouve dans le lait en dissolution et en suspension ; cette matière se coagule, c'est-à-dire se prend en masse solide, sous l'action d'un acide ou de la *présure* (voir n° 200).

La *matière grasse* est constituée par de petits corpuscules ronds, appelés globules gras ou globules butyreux. Ces globules, visibles au microscope, ont de $0^{mm},02$ à $0^{mm},04$ de diamètre et sont en suspension dans le lait. En raison de leur faible densité, les globules gras montent à la surface du lait pour constituer la crème.

188. **Maladies du lait.** — Le lait est un milieu très altérable; nous savons déjà que les aliments de la vache laitière ont une influence sur le goût du lait qu'elle produit (183).

Mais les diverses altérations de ce liquide proviennent surtout de petits êtres microscopiques qui l'envahissent et que nous étudierons plus tard sous le nom de *microbes* (282).

Le lait *bleu*, le lait *rouge*, le lait *putride*, le lait *visqueux* sont autant de maladies dues chacune à un microbe particulier.

Pour éviter ces maladies, il faut détruire les microbes qui en sont la cause, et, pour cela, il est indispensable de laver à l'eau bouillante tous les vases utilisés dans la laiterie ou employés pour le transport du lait; il faut, de plus, tenir le pis de la vache dans un grand état de propreté.

RÉSUMÉ

La durée de la lactation des vaches laitières est de trois cents jours environ. Le lait est extrait du pis par mulsion; le nombre des traites est de trois par jour; il faut à chaque traite vider complètement la mamelle. Le lait renferme une matière azotée, la caséine, qui coagule sous l'action de la présure; il contient, en outre, de la matière grasse et du sucre; c'est un liquide très altérable. Il faut apporter une grande propreté dans toutes les manipulations du lait.

QUESTIONNAIRE

185. Comment s'effectue la lactation chez les vaches laitières? — 186. Comment pratique-t-on la traite? — Pourquoi faut-il vider complètement la mamelle à chaque traite? — 187. Quelle est la composition moyenne du lait? — Citez une propriété de la caséine. — 188. Quelles précautions faut-il prendre pour éviter les altérations du lait?

DEVOIR DE RÉDACTION

Le lait; sa composition; soins à prendre pour éviter ses altérations.

LECTURE

La propreté dans les manipulations du lait.

Le lait est un liquide complexe, riche en matières fermentescibles; il est éminemment altérable.

Ses altérations les plus graves et les plus communes lui viennent de l'envahissement de microbes auxquels il sert d'excellent milieu de culture et qui s'y multiplient abondamment.

Pour combattre efficacement ces altérations du lait, il faut s'attaquer aux causes, c'est-à-dire détruire les ferments. Pour cela, on fera nettoyer le pis des bêtes laitières, les mains des garçons et des filles de ferme avant la traite.

Une propreté extrême est de rigueur. Il faut ne se servir que de vases émaillés, les soumettre à l'ébouillantage prolongé, désinfecter soigneusement la laiterie par des projections d'eau bouillante, la laver avec des substances antiseptiques et y produire des fumigations sulfureuses.

Nulle industrie agricole ne réclame une pareille propreté que la manipulation du lait et de ses dérivés.

CORNEVIN,
Professeur à l'école vétérinaire de Lyon,
Traité de zootechnie générale, p 1.000.

CHAPITRE II

Produits de transformation du lait.

Quarante-cinquième leçon.

TRANSFORMATIONS DU LAIT

189. Aménagement de la laiterie. — Après la traite, le lait est passé au tamis, puis transporté à la laiterie.

La laiterie (*fig.* 127) doit être installée dans un local qui conserve, en été, une certaine fraîcheur; sa tempéra-

Fig. 127. — *Une laiterie.*

ture ne doit pas s'élever au-dessus de 12 degrés. Ce local sera éloigné du tas de fumier, des étables, etc., qui dégagent de mauvaises odeurs.

La meilleure exposition est celle du nord. L'aménagement de la laiterie doit être tel que les soins de propreté qu'exige le lait soient facilement praticables. Le sol de ce local sera bétonné* ou dallé, afin qu'on puisse le laver fréquemment à grande eau; les murs doivent être de temps en temps lavés et passés à la chaux.

Les fenêtres de la laiterie sont munies de toiles métalliques pour empêcher l'entrée des mouches en été.

190. Transformation du lait; la crème et le caillé. — Lorsque le lait est abandonné au repos dans un lieu frais, dans la laiterie, par exemple, deux phénomènes ne tardent pas à se produire :

1° Les globules gras du lait (187), en raison de leur faible densité, montent à la surface du liquide et forment une couche plus ou moins épaisse qui est la *crème* (*fig.* 128);

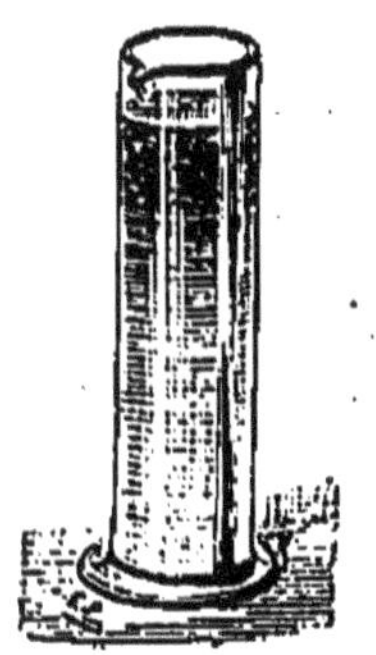

Fig. 128. — Lait caillé et crème.

2° Peu de temps après, la caséine du lait (187), qui est répartie dans toute la masse, se coagule, et le lait est transformé en *caillé*. La coagulation du lait est produite par des microbes; du lait fraîchement caillé fourmille de microbes.

191. Comment on favorise la formation de la crème. — Pour que la crème se réunisse bien à la partie supérieure du lait, certaines précautions sont à prendre :

1° La couche de lait ne doit pas être trop épaisse; plus sa hauteur est considérable, moins on recueille de crème;

2° Il faut laisser le lait au repos immédiatement après la traite et ne plus le remuer; les secousses de la masse du lait dérangent la formation de la crème;

3° Une température basse favorise la montée des globules gras; c'est pourquoi la laiterie doit être située dans un endroit frais (189). Dans certaines laiteries, on abaisse, immédiatement après la traite, la température du lait en plaçant les vases qui le renferment dans un courant d'eau froide.

192. Extraction rapide de la crème. — Dans les exploitations où l'on entretient un certain nombre de vaches laitières, on peut extraire la crème du lait, aussitôt après la traite, au moyen d'une *écrémeuse centrifuge* (*fig.* 129).

Le lait arrive à la partie supérieure de cet appareil par le conduit C; il tombe dans un vase que l'on fait tourner avec une grande vitesse; lorsque le lait est soumis à ce mouvement, la crème se sépare du reste du liquide et se réunit au centre du vase; par un dispositif spécial, on la recueille en A, tandis que le lait écrémé sort par le tube B. La crème obtenue est refroidie ensuite; au bout de vingt-quatre heures, on la soumet au barattage pour l'extraction du beurre.

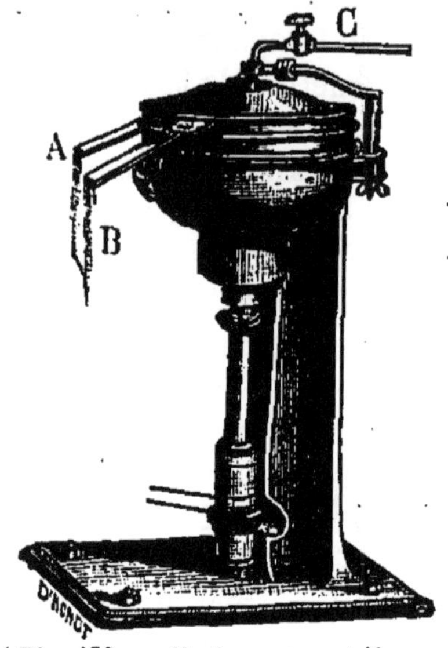

Fig. 129. — Ecrémeuse centrifuge.

RÉSUMÉ

La laiterie doit être située dans un endroit frais et aménagée de telle façon qu'elle puisse être lavée facilement. Peu de temps après la traite, le lait se transforme en deux parties : la crème et le caillé; on favorise la formation de la crème en abaissant la température du lait immédiatement après la traite et en laissant ce liquide au repos. Les écrémeuses centrifuges, utilisées dans les laiteries importantes, permettent d'extraire rapidement la crème du lait frais.

QUESTIONNAIRE

189. Comment doit être aménagée la laiterie? — 190. Qu'appelle-t-on crème? — caillé? — A quoi est due la coagulation du lait? — 191. Comment favorise-t-on la formation de la crème? — 192. Qu'appelle-t-on écrémeuse centrifuge?

DEVOIR DE RÉDACTION

Quelles sont les transformations qui se produisent dans le lait, lorsque ce liquide est placé dans un lieu frais? Comment peut-on favoriser la formation de la crème?

Quarante-sixième leçon.

LE BEURRE

193. Le beurre provient de la crème. — Le beurre est constitué par les globules gras du lait (189) soudés les uns aux autres.

Les globules gras du lait se réunissent à la surface de ce liquide pour former la *crème* (190) ; mais ces globules, en s'élevant dans le lait, entraînent avec eux certains matériaux.

Lorsqu'on soumet la crème à des chocs répétés, les globules gras se collent les uns aux autres et forment au bout d'un certain temps, variant de trente à cinquante minutes, une masse qui est le beurre. Cette opération est désignée sous le nom de *barattage*.

Fig. 130. — Baratte normande.

194. Le barattage. — Le barattage s'exécute au moyen d'un appareil, appelé *baratte*, dont la forme est variable.

La *baratte normande* (*fig.* 130) se compose d'un petit tonneau que l'on peut faire tourner au moyen d'une manivelle ; à l'intérieur se trouvent des palettes contre lesquelles la crème est projetée.

Dans la *baratte à piston* (*fig.* 131), les chocs de la crème sont produits par un disque en bois auquel on imprime un mouvement de va-et-vient vertical.

Certaines crèmes se barattent difficilement ; celles qui

proviennent du lait fourni par de vieilles vaches ou par des vaches dans un état de lactation avancé, sont dans ce cas. Pour activer le barattage en hiver, on peut élever de quelques degrés la température de la crème.

Il faut avoir bien soin, après chaque barattage, de nettoyer la baratte avec de l'eau bouillante, puis de la laver à l'eau froide.

Fig. 131. — Baratte à piston.

195. Délaitage et malaxage du beurre. — Lorsque le barattage est terminé, on procède au *délaitage*. Cette opération consiste à séparer le beurre du liquide dans lequel il baigne et qu'on appelle le *lait de beurre;* on l'effectue généralement dans la baratte même, en laissant écouler le lait de beurre que l'on remplace par de l'eau ; on lave plusieurs fois ainsi le beurre à grande eau sans le toucher avec les mains.

Mais, après cette première opération, le beurre renferme encore un peu d'impuretés. On parvient à le débarrasser complètement de ces impuretés en le pétrissant, en le malaxant plusieurs fois; le *malaxage* s'effectue généralement avec des palettes en bois. Il existe des appareils, appelés *malaxeurs*, qui permettent de pétrir le beurre mécaniquement et de le débarrasser de tout le lait de beurre qu'il renferme.

La qualité du beurre dépend beaucoup des soins qu'on apporte à sa fabrication; dans les opérations du délaitage et du malaxage, il faut éviter, autant qu'il est possible, de toucher le beurre avec les doigts.

196. Le lait de beurre. — Le lait de beurre peut

être utilisé pour la confection de fromages, car il renferme à peu près les mêmes principes que le caillé.

Mais, le plus souvent, il est donné en nourriture aux veaux et aux porcs.

197. Conservation du beurre. — Deux procédés peuvent être employés par la ménagère pour la conservation du beurre : la *salaison* et la *fusion*.

1° Pour préparer le *beurre salé*, on dispose dans un pot de grès de légères couches de beurre frais entre lesquelles on interpose des lits de sel blanc finement pulvérisé; le poids du sel employé est environ de 5 p. 100 du poids du beurre; on presse bien les couches les unes contre les autres, afin qu'il n'y ait pas de vides, et l'on recouvre la couche supérieure d'une épaisseur d'un demi-centimètre de sel fin; on bouche ensuite soigneusement le pot.

2° Pour préparer le *beurre fondu*, on soumet le beurre à la fusion sur un feu léger, ou mieux au bain-marie*; on écume; après une heure environ d'ébullition, on retire le liquide du feu et on le verse soigneusement dans des pots qui sont ensuite bien bouchés et conservés dans un endroit frais.

RÉSUMÉ

Lorsque la crème est soumise à des chocs répétés, les globules gras qu'elle renferme se soudent pour former une masse qu'on appelle le beurre; cette opération s'effectue dans une baratte. Après le barattage, la masse de beurre est soumise au délaitage et au malaxage; il faut apporter une grande propreté dans toutes ces opérations. Le beurre peut être conservé à l'état de beurre salé et de beurre fondu.

QUESTIONNAIRE

193. Par quoi est formé le beurre? — 194. Qu'appelle-t-on barattage? — Citez quelques formes de barattes. — 195. En quoi consiste le délaitage? — le malaxage? — 196. Comment utilise-t-on le lait de beurre? — 197. Comment prépare-t-on le beurre salé? — le beurre fondu?

DEVOIR DE RÉDACTION

Décrivez les différentes opérations exécutées dans la fabrication du beurre et indiquez comment la ménagère peut conserver le beurre.

LECTURE

Le barattage du beurre.

C'est une tradition dans les laiteries qu'il n'y a rien de plus capricieux que l'opération de barattage. L'âge de la crème, sa nature, la forme de la baratte, le niveau auquel on la remplit, la température surtout, celle de l'extérieur comme celle de la crème, y jouent un rôle quelquefois tellement actif que l'extraction du beurre devient tout à coup impossible.

Quand l'opération marche bien, on voit, au bout d'un quart d'heure ou vingt minutes, le lait devenir comme granuleux et se remplir d'une infinité de petites masses, à peine visibles à l'œil nu : c'est la matière grasse qui commence à s'agglomérer. A partir de ce moment, la séparation du beurre se précipite et quelques minutes, deux ou trois, suffisent à la terminer.

Les petits granules se pressent en masse de la grosseur d'une tête d'épingle, puis d'un pois; puis, presque subitement, en deux ou trois paquets volumineux nageant au milieu d'un liquide encore très blanc et appelé lait de beurre. En continuant à battre plus longtemps, on ne retire rien de plus de ce lait de beurre, et on risque de rendre visqueux et gluant le beurre obtenu. Il faut arrêter l'opération.

Le beurre qu'on retire de la baratte n'est pas compact et emporte avec lui une assez notable quantité de lait de beurre. Dans les pratiques actuellement en usage dans le nord de l'Europe, où existe un des centres de production beurrière les plus importants du monde entier, il n'est jamais mis au contact avec les mains ni avec l'eau; il est pétri, malaxé, comprimé jusqu'à ce qu'il ne cède plus rien, salé ensuite et empaqueté pour être expédié.

En Hollande, et surtout en France, les beurres les plus fins s'obtiennent en faisant écouler de la baratte le lait de beurre au moment où les globules butyreux ont la grosseur d'une tête d'épingle; et on lave à grande eau le beurre dans la baratte elle-même, jusqu'au moment où le liquide sort à peu près limpide. On enlève alors les mottes de beurre, on les laisse se raffermir dans l'eau fraîche et, après un pétrissage exécuté généralement à la main, on leur donne la forme commerciale différente d'un lieu à l'autre.

DUCLAUX,
Membre de l'Académie des sciences.

(*Chimie biologique*, p. 674 et 676.)

Quarante-septième leçon.

LE FROMAGE. FROMAGES FRAIS

198. Fabrication des fromages. — Les principales opérations effectuées pour fabriquer les différents fromages sont :

1° La *coagulation du lait* (190), que l'on peut obtenir artificiellement au moyen de la présure;

2° L'*égouttage du caillé;* le lait caillé est placé dans des moules de forme variable, en osier, en terre cuite ou en fer-blanc, percés de trous par lesquels le petit-lait s'écoule ;

3° Le *salage* et l'*affinage*, lorsque les fromages sont destinés à être conservés.

Dans toutes ces opérations, il faut apporter une grande propreté ; les moules à fromage doivent être, après chaque opération, soigneusement nettoyés et passés à l'eau bouillante; il en est de même des claies, des planchettes, etc., sur lesquelles on dépose les fromages au sortir des moules.

199. Fromage maigre frais. — Ce fromage, appelé aussi fromage *mou*, fromage *à la pie*, est fabriqué avec du caillé obtenu naturellement (190) et dont on a séparé la crème; de là son nom de fromage maigre.

Le caillé est placé, au moyen d'une sorte d'écumoir, dans des moules à fromage; au bout de vingt-quatre heures, il est suffisamment égoutté.

On peut saler les fromages maigres et les conserver après les avoir un peu desséchés; ils constituent un aliment très riche.

200. Coagulation du lait par la présure. — Les bons fromages, qu'on appelle fromages *gras*, renferment tous les éléments du lait. Pour les fabriquer, il faut que la coagulation du lait ait lieu peu de temps après la traite, avant la formation de la crème, afin que les globules gras soient répartis uniformément dans toute la masse du caillé. On produit cette coagulation artificielle au moyen de la *présure*.

Pour préparer la présure, on nettoie par lavage une *caillette* fraîche de veau (182, *fig.* 126) et on la fait macérer*, pendant trois ou quatre jours, dans deux ou trois litres de petit-lait ou de vin blanc; on ajoute à ce liquide un peu de sel marin pour empêcher sa fermentation*. En général, un centimètre cube de la solution obtenue peut coaguler en quelques heures un litre de lait.

On trouve dans le commerce des extraits de présure très bien préparés; leur titre, c'est-à-dire leur pouvoir de coagulation, ne varie pas; ces produits peuvent remplacer avantageusement la présure préparée par la ménagère.

201. Fromage à la crème. — Cette dénomination s'applique à différents produits : le plus souvent, elle désigne un mélange de fromage mou (199) et de crème.

Le fromage frais fabriqué avec du caillé provenant d'un lait mis en présure est désigné sous le nom de fromage à la crème.

Enfin le fromage de *pure crème* est préparé uniquement avec de la crème que l'on met égoutter dans de petits moules garnis intérieurement d'une fine mousseline.

202. Fromage double crème. — Pour préparer ce fromage, on ajoute à du lait frais environ un sixième de son volume de bonne crème; puis on le met en présure. Le caillé obtenu est placé dans des toiles où il s'égoutte; au bout d'un certain temps, ce caillé est transformé en une sorte de pâte que l'on place dans des moules pour lui donner une forme variable.

RÉSUMÉ

La préparation du fromage nécessite les opérations suivantes : la coagulation du lait; l'égouttage du caillé; le salage et l'affinage, si le fromage est destiné à être conservé. Le fromage maigre frais se prépare avec du caillé séparé de la crème. Tous les fromages gras sont fabriqués avec du lait que l'on fait coaguler, peu de temps après la traite, au moyen de la présure; le fromage double crème est préparé avec du lait auquel on mélange un sixième environ de son volume de crème.

QUESTIONNAIRE

198. Quelles sont les opérations que nécessite la fabrication du fromage? — 199. Comment prépare-t-on le fromage mou? — 200. A quoi sert la présure? — Comment la ménagère peut-elle préparer une solution de présure? — 201. Qu'appelle-t-on fromage à la crème? — 202. Comment prépare-t-on le fromage double crème?

DEVOIR DE RÉDACTION

Citez les différents fromages que l'on consomme à l'état frais, et indiquez comment on les prépare.

Quarante-huitième leçon.

FROMAGES AFFINÉS À PÂTE MOLLE

203. Le fromage affiné. — Le fromage affiné, que l'on désigne encore sous le nom de fromage *fait* ou *mûr*, n'est obtenu qu'au bout d'un temps plus ou moins long.

Si le fromage frais est placé dans des conditions convenables de température, dans une cave, par exemple, il ne tarde pas à être envahi par des microbes qui lui font subir des transformations profondes.

Lorsqu'on examine la composition d'un fromage fait, on constate que la matière grasse prédomine dans sa masse. De plus, pendant l'affinage, il s'est développé dans la pâte des produits odorants très divers, suivant le mode de fabrication; ces produits donnent à chaque espèce de fromage ses qualités propres.

Examinons les principaux fromages affinés à pâte molle.

204. Fromage de Brie. — Pour préparer ce fromage, le lait est mis en présure immédiatement après la traite. On place le caillé dans des moules en fer-blanc percés de petits trous; ces moules ont un diamètre de $0^m,35$ à $0^m,40$, et une hauteur de $0^m,06$ à $0^m,10$; ils reposent sur des sortes de *clayons* disposés sur des planches sillonnées de rainures et appelées *égouttoirs*. Lorsque le fromage est retiré du moule, on le sale sur ses deux faces; puis on le place pendant huit jours dans une pièce, à la température de 15 degrés environ; au bout de ce temps, les fromages sont disposés dans une cave, où la température est de 10 à 12 degrés; un mois après, ils sont complètement mûrs.

Si ces différentes opérations ont lieu à une température plus basse que celle que nous venons d'indiquer, l'affinage du fromage de Brie demande plus de temps.

Les fromages de Brie pèsent, en général, de $2^{Kgr},800$ à 3 kilogrammes. Il faut environ 6 litres et demi de lait pour obtenir 1 kilogramme de ce fromage.

205. Fromages de Coulommiers et de Camembert. — Le fromage de Coulommiers se fabrique comme le précédent, mais les moules utilisés ont seulement de $0^{m},12$ à $0^{m},15$ de diamètre; c'est un fromage très recherché lorsqu'il est bien réussi.

Le *camembert* est fabriqué dans toute la Normandie et plus particulièrement aux environs de Camembert (Orne); c'est un excellent petit fromage qui pèse $0^{Kgr},300$ environ, lorsqu'il est affiné. Il se fabrique comme le fromage de Brie.

Il faut de 7 à 8 litres de lait pour produire 1 kilogramme de fromage de Coulommiers ou de Camembert.

206. Fromage du mont d'Or. — Ce fromage, fabriqué dans le Rhône, l'Ain, etc., était produit autrefois uniquement avec du lait de chèvre; on le prépare aujourd'hui avec du lait de vache, parfois mélangé à du lait de chèvre.

Le lait est mis en présure, à la température de 30 degrés environ, de telle façon qu'il coagule promptement; le caillé est disposé dans des moules de $0^{m},12$ de diamètre. Lorsque le fromage est égoutté, on le sale sur ses deux faces et on le place dans une pièce à la température de 25 ou 30 degrés, où il se dessèche légèrement. Au bout de quelques jours, le fromage est porté dans une cave où la température est de 12 degrés environ : c'est là que se termine l'affinage.

RÉSUMÉ

Lorsque le fromage frais est placé dans des conditions convenables de température, il se transforme, au bout d'un certain temps, en fromage affiné; cette transformation est opérée par des microbes. Les principaux types de fromages affinés sont : le brie, qui se livre en pains de 3 kilogrammes environ; le coulommiers et le camembert, bien plus petits; le mont d'or, dans la composition duquel il entre parfois du lait de chèvre. Tous ces fromages sont affinés dans des caves, à la température de 10 à 12 degrés.

QUESTIONNAIRE

203. Qu'appelle-t-on fromage affiné? — 204. Comment prépare-t-on le fromage de Brie? — Combien faut-il de lait pour produire un kilogramme de ce fromage? — 205. Qu'est-ce que le coulommiers? — le camembert? — 206. Comment fabrique-t-on le fromage du mont d'Or?

DEVOIR DE RÉDACTION

Décrivez la fabrication du fromage gras affiné. Prendre pour exemple le fromage de Brie.

Quarante-neuvième leçon.

FROMAGES À PÂTE FERME

207. Fromage du Cantal. — Ce fromage est désigné sous le nom de *fourme;* son poids peut atteindre 40 kilogrammes.

Le lait, placé dans une chaudière et maintenu à la température de 30 degrés, est coagulé, au moyen de la présure, en une demi-heure environ; le caillé est ensuite divisé en grumeaux à l'aide d'une sorte de couteau, et on en extrait une partie du petit-lait qu'il renferme. On dépose le caillé dans un premier moule, où il est pressé peu à peu. Le produit obtenu est pétri, malaxé et salé, puis mis définitivement dans un moule pour donner la *fourme*.

Ce fromage est placé dans une cave; on le retourne de temps en temps et on lave ses deux faces avec de l'eau salée.

Il faut de 9 à 10 litres de lait pour produire 1 kilogramme de fromage du Cantal.

208. Fromage de Hollande. — Le caillé est préparé comme nous l'avons indiqué pour le fromage du Cantal (207); on le met dans des moules demi-sphériques; deux de ces moules juxtaposés permettent d'obtenir un pain qui a la forme d'une boule et dont le poids varie de 2 à 10 kilogrammes.

Le fromage de Hollande est affiné en cave, où il est fréquemment lavé; au moment de le livrer à la vente, on colore sa surface en jaune ou en rouge foncé.

209. Fabrication du gruyère. Les fruitières. — Pour fabriquer le gruyère, le lait est mis en présure dans les mêmes conditions que pour la fabrication du fromage du Cantal (207); le caillé est divisé et débarrassé d'une partie du petit-lait, puis chauffé à la température de 50 degrés environ. On le place dans un moule garni intérieurement d'une toile et on soumet la masse à une certaine pression. Au bout de vingt-quatre heures, le fromage est retiré et placé à la cave; on le sale deux ou trois fois par semaine.

La durée de l'affinage en cave varie de trois à six mois; les fromages doivent être examinés chaque jour; il faut surveiller attentivement leur fermentation*.

Les pains de gruyère pèsent, en général, de 25 à 40 kilogrammes. 100 litres de lait permettent d'obtenir de 8 à 10 kilogrammes de ce fromage.

Le gruyère est particulièrement fabriqué dans la région des Alpes, dans la Franche-Comté et en Suisse; les petits cultivateurs de ces pays s'associent pour la production de ce fromage. Ces associations s'appellent des *fruitières*.

210. Fromage de Roquefort. — Ce fromage est

fabriqué à Roquefort (Aveyron), avec du lait de brebis. On fait coaguler le lait au moyen de la présure. Le caillé est divisé et débarrassé d'une partie du petit-lait, puis mélangé à du pain moisi pulvérisé et mis dans des moules suffisamment grands pour donner des pains de 3 à 4 kilogrammes.

Les pains sont ensuite transportés dans les caves de Roquefort; ces caves sont établies dans des anfractuosités naturelles de la montagne, et leur température se maintient constamment aux environs de 5 degrés : c'est là que se produit l'affinage du fromage.

A Roquefort, on estime qu'une brebis produit, en moyenne, 60 litres de lait par an, et que 100 litres de lait donnent environ 20 kilogrammes de fromage.

RÉSUMÉ

Les *principaux fromages à pâte ferme sont : le cantal, le* hollande, le gruyère et le roquefort. Le lait destiné à produire ces fromages est coagulé promptement par la présure; le caillé est ensuite divisé, puis débarrassé d'une partie du petit-lait avant la mise en forme; le caillé destiné à produire le gruyère est légèrement chauffé. Le hollande est livré en pains de 2 à 10 kilogrammes; le cantal et le gruyère, en pains de 20 à 40 kilogrammes; le roquefort, fabriqué avec du lait de brebis, est livré en pains de 3 kilogrammes environ.

QUESTIONNAIRE

207. Comment prépare-t-on le caillé destiné à produire le fromage du Cantal? — Comment fabrique-t-on ce fromage? — 208. Comment fabrique-t-on le hollande? — 209. Comment fabrique-t-on le gruyère? — Qu'appelle-t-on fruitière? — 210. Comment fabrique-t-on le fromage de Roquefort?

DEVOIR DE RÉDACTION

Quels sont les fromages à pâte ferme que vous connaissez? Expliquez comment on fabrique ces différents fromages.

Cinquantième leçon.

RÉSIDUS DE LA LAITERIE. LE PORC

211. Les résidus de la laiterie. — Lorsque le lait est utilisé pour la préparation du beurre et du fromage, il laisse des résidus dont il faut savoir tirer parti.

Le résidu de la fabrication du beurre s'appelle *lait de beurre*, ou *babeurre;* il peut être transformé en fromage (196).

Le résidu de la fabrication du fromage s'appelle *petit-lait;* l'industrie en extrait du sucre de lait.

Mais le plus souvent ces résidus sont utilisés pour l'alimentation des veaux et surtout des porcs. Dans toutes les exploitations où l'on produit du beurre et du fromage, il faut entretenir des porcs pour utiliser les résidus de la laiterie.

Fig. 132. — Le porc.

212. Le porc. — Le porc (*fig.* 132) est exploité uniquement pour sa chair. Pendant sa vie, qui est de courte durée, il transforme en viande et en graisse des aliments de peu de valeur, des déchets de toutes sortes.

Toutes les parties de son corps sont utilisées. La graisse que l'on trouve dans l'intérieur de son corps donne le *saindoux;* celle qui est déposée sous sa peau constitue le *lard*. Avec son sang, on fait le boudin. Ses intestins, ses viscères nous servent d'aliments. Ses poils, appelés *soies*, sont utilisés pour faire des pinceaux.

213. Nourriture et engraissement du porc. — Pendant son jeune âge, le porc est alimenté avec du petit-lait, avec les eaux de la cuisine et les eaux de lavage de la laiterie : on ajoute à tous ces liquides un peu de son. On alterne ces aliments aqueux* avec des bouillies un peu épaisses de pommes de terre cuites et de son.

Pour engraisser le porc, on le nourrit à satiété. Comme il est très-vorace, on met à profit cette aptitude naturelle pour lui faire absorber tous les aliments qui ne lui inspirent pas de dégoût ; les pommes de terre cuites et le petit-lait, qui étaient donnés séparément dans le jeune âge, doivent toujours être associés. On lui donne surtout des farines de grain et du son, délayés dans les eaux de vaisselle et de laiterie. Le porc qui est nourri de farineux, et particulièrement de farine de maïs, produit un lard plus ferme.

Pendant l'engraissement du porc, on excite son appétit en variant son alimentation, en soignant la préparation de ses aliments. L'auge, où on lui dépose sa nourriture, doit être, après chaque repas, bien nettoyée, et la porcherie régulièrement tenue en état de propreté.

214. Salaison de la viande. — Le plus souvent, la viande de porc est destinée à être conservée pour être utilisée à la longue, suivant les besoins du ménage.

Lorsque le porc est abattu, on laisse raffermir sa chair pendant douze ou vingt-quatre heures, puis on la sale. Il faut de 20 à 25 kilogrammes de sel pour 100 kilogrammes de viande. On ajoute à la viande salée une pincée de salpêtre* pour lui conserver sa couleur rougeâtre.

215. Maladie du porc. Ladrerie. — Lorsque le porc est atteint de ladrerie, tous ses muscles renferment une multitude de petits vers microscopiques. Si l'on consomme la viande d'un porc atteint de cette maladie, les petits vers que renferme cette viande se développent dans le tube digestif de l'homme ; ils changent de vie, prennent une forme nouvelle et constituent ce qu'on appelle le *ver solitaire* ou *tœnia*.

La viande de porc ladre ne peut être consommée sans danger que si elle a subi une cuisson prolongée.

RÉSUMÉ

Les résidus de la fabrication du beurre et du fromage sont utilisés surtout pour la nourriture des porcs. Le porc est alimenté dans son jeune âge avec des eaux de vaisselle et de laiterie, du petit-lait, mélangés à un peu de son et à des pommes de terre cuites; plus tard, lorsqu'on veut l'engraisser, on ajoute à ces aliments des farines diverses. La viande de porc est conservée par la salaison. La viande de porc ladre peut communiquer à l'homme le ver solitaire.

QUESTIONNAIRE

211. Comment utilise-t-on les résidus de la laiterie? — 212. Quels sont les services rendus par le porc? — 213. Comment nourrit-on le porc? — Comment l'engraisse-t-on? — 214. Comment conserve-t-on la viande de porc? — 215. Qu'est-ce que la ladrerie?

DEVOIR DE RÉDACTION

Comment nourrit-on et engraisse-t-on le porc? Comment conserve-t-on la viande de cet animal?

LA BASSE-COUR

CHAPITRE PREMIER

Les oiseaux de basse-cour.

Cinquante et unième leçon.

LES POULES

216. Exploitation des poules. — Les poules sont exploitées pour leur chair et leurs œufs.

Le plus souvent, les poules sont laissées en liberté dans la cour de l'exploitation ; elles cherchent leur nourriture en grattant les fumiers où elles trouvent beaucoup de graines qui n'ont pas été digérées par les animaux domestiques.

Ce procédé a de graves inconvénients. Le fumier, constamment éparpillé, perd une partie de sa valeur fertilisante. Lorsqu'on répand dans la cour la nourriture des poules, qui se compose parfois de mauvaises graines, celles-ci ne sont pas toutes mangées ; elles se retrouvent en partie dans les balayures de la cour, et, par suite, dans le compost ou le fumier, et vont de là infester les récoltes. Les poules laissées librement dans la cour boivent le plus souvent des eaux impures, qui sont les meilleures propagatrices des maladies contagieuses qui attaquent ces animaux.

217. Exploitation rationnelle. — On peut éviter tous les inconvénients que nous venons de signaler, en *parquant* les poules dans un coin de la cour ou du jardin, entouré d'un treillis de fil de fer assez élevé pour empêcher ces volatiles de s'échapper : c'est là qu'on établit aussi le poulailler.

Un coin de verger réunit d'excellentes conditions pour l'installation d'une basse-cour ; les arbres donnent de l'ombre ; dans l'herbe, les poules trouvent quelques insectes ; elles trouvent aussi le sable qui joue un certain rôle dans leur nutrition.

L'estomac de la poule, le *gésier* (*fig.* 133), est constitué par des muscles puissants. La nourriture absorbée par la poule arrive à peu près telle quelle dans le gésier : par des contractions de la paroi de cet organe, la poule brasse tous les matériaux qu'elle a absorbés ; les corps les plus durs (grains de sable, par exemple), broient les autres (les graines, etc.) qui peuvent être ensuite digérés.

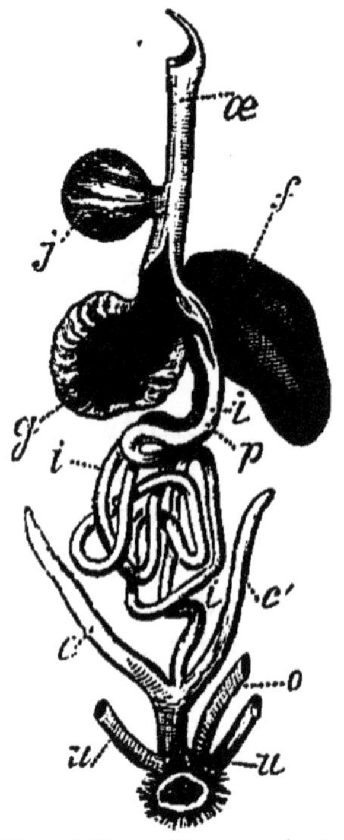

Fig. 133. — Organes intérieurs de la poule. — œ, œsophage ; *j*, jabot ; *g*, gésier ; *f*, foie ; *i*, intestins.

218. Principales races de poules. — Les races de poules les plus estimées sont :

Race de Crèvecœur (*fig.* 134) (Crèvecœur, ville de l'Auge, Calvados) ; noire ; huppe sur la tête, crête double ; pattes noires. — Race précoce, chair très estimée ; mais race délicate qui craint le froid, l'humidité. Nombre d'œufs pondus annuellement : 120 environ. Poids de l'œuf : environ de 75 à 80 grammes.

Race de Houdan (*fig.* 135) (Houdan, près de Mantes, Seine-et-Oise) ; couleur blanche et noire, huppe sur la tête, crête double ; cinq doigts aux pattes, dont deux en arrière (caractère distinctif) ; plus rustique, mais moins précoce que la précédente ; chair moins estimée. Nombre d'œufs pondus : 125 environ. Poids de l'œuf : 60 à 65 grammes environ.

Race de la Flèche (*fig.* 136); noire, grande taille; pas

Fig. 134. — Poule de Crèvecœur.

de huppe, crête formée de deux petites cornes; race moins

Fig. 135. — Poule de Houdan.

précoce que les précédentes, mais elle acquiert un plus

Fig. 136. — Poule de la Flèche.

gros volume. Elle pond annuellement 140 œufs environ.

Fig. 137. — Poule de la Bresse.

Poids de l'œuf : 70 grammes environ.

Race du Mans; crête fermée et frisée; beaucoup d'analogie avec la précédente; pond en moyenne 110 œufs. Poids de l'œuf : 60 à 65 grammes.

Race de la Bresse (*fig.* 137); crête simple, grande, très dentelée; rustique, chair très estimée. Nombre d'œufs pondus annuellement : 160 environ. Poids de l'œuf : 80 grammes en moyenne.

RÉSUMÉ

Les poules, exploitées pour leur chair et leurs œufs, ne devraient pas être laissées en liberté dans la cour. Pour les exploiter rationnellement, il faut les parquer dans un coin du jardin ou du verger. La poule absorbe fréquemment des grains de sable qui lui permettent de broyer, dans son gésier, les aliments qu'elle a absorbés. Les races de poules les plus estimées sont : la race de Crèvecœur, la race de Houdan, la race de La Flèche, la race du Mans et la race de la Bresse.

QUESTIONNAIRE

216. Comment les poules sont-elles exploitées ordinairement? — 217. Comment doit-on les exploiter rationnellement? — Comment les poules digèrent-elles leurs aliments? — 218. Citez les races de poules les plus estimées?

DEVOIR DE RÉDACTION

Citez les principales races de poules et dites comment les poules doivent être exploitées rationnellement.

Cinquante-deuxième leçon.

PRODUCTION DES POUSSINS

219. **L'œuf.** — L'œuf de la poule (*fig.* 138) se compose d'une enveloppe calcaire* pierreuse renfermant deux matières très distinctes : le *blanc* ou albumine, et le *jaune*, enveloppé d'une membrane très mince, la vitelline; entre l'albumine et la coquille de l'œuf se trouve, au gros bout, un espace rempli d'air et appelé *chambre à air*.

L'œuf est un aliment complet : les matières qu'il renferme sont très riches en principes nutritifs : 50 grammes d'œuf renferment autant de matières nutritives que 500 grammes de lait.

La poule naît de l'œuf. Si l'œuf est maintenu pendant vingt et un jours à la température de 40 degrés environ, le germe qu'il renferme se développe et il donne naissance à un *poussin*.

Le plus souvent, la poule couve elle-même ses œufs.

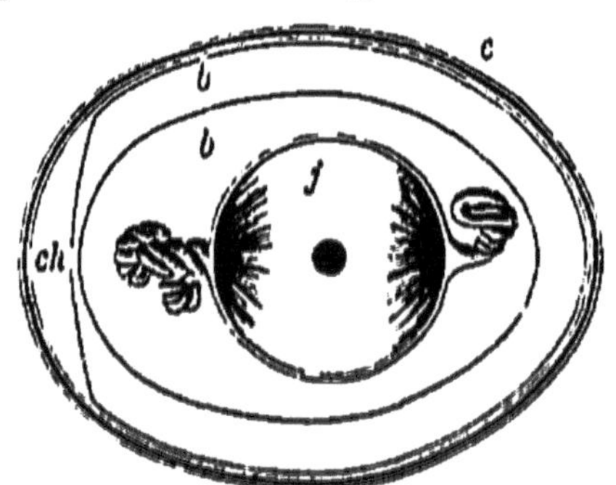

Fig. 138. — Œuf. — *c*, coquille ; *b*, blanc ; *j*, jaune ; *ch*, chambre à air. La tache noire indique la place du germe.

220. Choix des œufs à couver. Mirage des œufs. — Il ne faut reproduire et exploiter que des animaux de bonne race, bons producteurs d'œufs et de viande. A ce point de vue, il importe de choisir pour l'incubation* des œufs provenant, non seulement d'animaux de race pure, mais aussi de bonnes pondeuses.

Les œufs à couver doivent être frais ; quand ils ont plus de trois semaines, le germe qu'ils renferment se développe rarement.

Les œufs à deux jaunes renferment deux germes et donnent deux poussins qui meurent avant la fin de l'incubation* ; il ne faut pas les employer. Pour s'assurer que l'œuf n'a pas deux jaunes, on l'examine par transparence dans un lieu obscur, en le plaçant entre l'œil et la lumière d'une bougie ; cette opération s'appelle *mirage* de l'œuf.

221. Incubation naturelle. — Le nombre des œufs que la poule est capable de couver est proportionnel à son volume ; en général, on peut lui en confier une douzaine.

Ces œufs sont placés dans un nid artificiel, disposé dans un endroit très tranquille. Pendant le temps de l'incubation, qui est de vingt et un jours, la poule ne doit pas être dérangée; elle quitte ses œufs seulement pour prendre sa nourriture.

Au bout de quatre ou cinq jours, les germes sont déjà suffisamment développés pour qu'on puisse les apercevoir, si l'on soumet les œufs au mirage (220). Mais, d'une manière générale, il faut éviter de toucher les œufs confiés à une poule couveuse; on profite du moment où la poule prend sa nourriture pour enlever ceux qu'elle aurait pu casser accidentellement.

Vers le dix-huitième jour, on entend les petits pépier dans la coquille, et le vingt et unième jour, au plus tard, les poussins cassent eux-mêmes la coquille et sortent.

222. Incubation artificielle. — On peut, par des procédés artificiels, maintenir les œufs pendant vingt et un

Fig. 130. — Couveuse artificielle.

jours à la température de 40 degrés environ; les germes qu'ils renferment se développent parfaitement pour donner naissance à des poussins. Ce mode de reproduction s'appelle *incubation artificielle*. On emploie, dans ce cas, des *couveuses artificielles*, qui peuvent couver jusqu'à deux cents œufs à la fois.

La couveuse artificielle est composée d'une caisse renfermant un ou plusieurs tiroirs dans lesquels on dépose les œufs. Cette caisse est entourée d'un compartiment qui forme une sorte de récipient où l'on maintient de l'eau chaude. Le tout est placé dans une caisse fermée (*fig.* 139).

Un thermomètre est disposé dans un des tiroirs pour indiquer la température. Deux fois par jour, on retire du réservoir d'eau une quinzaine de litres de liquide que l'on remplace par de l'eau bouillante; la quantité d'eau chaude employée à chaque fois est nécessairement un peu va-

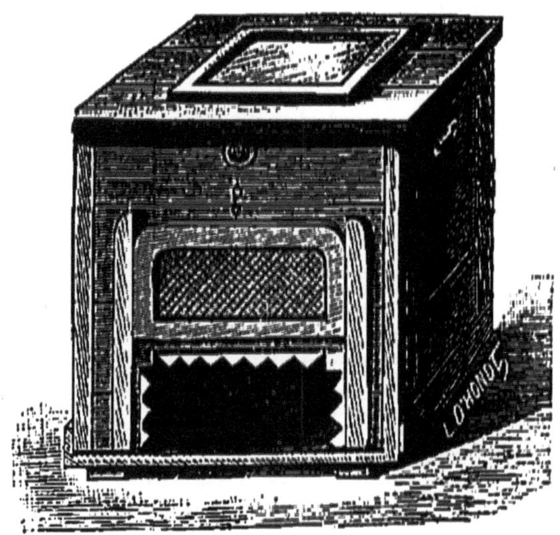

Fig. 140. — Eleveuse artificielle.

riable; il faut se régler à cet égard sur la température des tiroirs. Chaque jour, au moment où l'on introduit l'eau chaude dans la couveuse, on retourne les œufs dans les tiroirs.

Vers le cinquième jour, on procède au mirage des œufs (220) et on élimine tous ceux dont le germe n'est pas développé.

Au vingt et unième jour, les poussins sortent de la coquille; on les retire au fur et à mesure de leur apparition et on les place pendant quelques heures dans des boîtes appelées *sécheuses*, où la température est maintenue tiède au moyen d'eau chaude.

Les petits poussins sont élevés dans une salle à température douce dans laquelle on dispose une *éleveuse* (*fig.* 140) : c'est une sorte de caisse dont on maintient la température à 18 ou 20 degrés au moyen de l'eau chaude, et sous laquelle les poussins viennent se chauffer de temps en temps.

RÉSUMÉ

L'œuf de la poule renferme un germe qui se développe lorsque cet œuf est maintenu pendant vingt et un jours à la température de 40 degrés environ : c'est ainsi que naissent les poussins. En général, la poule couve elle-même ses œufs. La couveuse artificielle est un appareil qui peut couver deux cents œufs à la fois; l'incubation artificielle des œufs est produite par une source de chaleur entretenue au moyen de l'eau chaude; à la couveuse artificielle sont annexées une sécheuse et une éleveuse.

QUESTIONNAIRE

219. Quelles sont les diverses parties de l'œuf? — Citez les conditions nécessaires pour que le germe de l'œuf se développe. — 220. Quels sont les œufs que l'on doit choisir comme œufs à couver? — 221. En quoi consiste l'incubation naturelle? — 222. Dites comment s'effectue l'incubation artificielle des œufs.

DEVOIR DE RÉDACTION

Production des poussins par l'incubation naturelle et par l'incubation artificielle.

LECTURE

Eclosion des œufs dans la couveuse artificielle.

Depuis le mirage des œufs, rien de nouveau ne s'est passé pendant l'incubation, tout a marché comme on s'y attendait; chaque jour on a réchauffé de moins en moins d'eau et on a cependant conservé la température voulue.

Nous voilà donc arrivés au vingt et unième jour; il est sept heures du matin, nous ouvrons les tiroirs comme à l'ordinaire; nous constatons la température et le cœur palpite de joie, car on entend des cui-cui..., puis on aperçoit des fragments de coquilles; quelquefois même, un ou deux poussins sont déjà éclos.

Ne nous précipitons pas, le moment est venu de ne pas perdre la tête; sortons nos tiroirs comme à l'ordinaire et retournons nos œufs comme nous le faisons d'habitude. Si nous avons des incubateurs avec sécheuse, nous y placerons nos quelques poussins déjà éclos, sinon nous les laisserons encore dans les tiroirs avec les œufs à éclore.

A midi, on ouvrira de nouveau l'incubateur pour voir ce qui s'y passe. Cette fois-ci, les poussins étant très nombreux, nous les placerons provisoirement dans leur boîte sécheuse et nous les recouvrirons d'une légère étoffe de laine en été et d'un petit édredon en hiver; du reste, cela dépend de leur nombre; moins ils sont nombreux, plus ils sont susceptibles d'avoir froid.

La troisième opération du soir est arrivée : c'est ordinairement le moment où on recueille le gros des poussins. Après les avoir retirés, on retourne les quelques œufs restants; on augmente alors la quantité d'eau bouillante qui doit être à peu près la même qu'au commencement de l'incubation.

Le lendemain matin, c'est-à-dire le vingt-deuxième jour, nous retirons des tiroirs tous nos retardataires et l'éclosion est terminée.

Souvent on nous adresse la question suivante : Faut-il aider aux poussins à sortir de la coquille? A cela nous répondrons toujours : non, cent fois non; à moins cependant que le poussin ne soit plus retenu à la coquille que par quelques lambeaux de membrane séchés.

Rouillier et Arnoult,
Eclosion et élevage artificiels, p. 122.

Cinquante-troisième leçon.

ÉLEVAGE ET ENTRETIEN DES POULES

223. Elevage et nourriture des poussins. — Les poussins doivent être placés avec leur mère dans un espace clos, suffisamment grand pour qu'ils puissent courir et gratter le sol à volonté.

On leur sert pendant les premiers jours de la mie de pain mélangée à des œufs cuits durs pulvérisés et à de la salade hachée. Au bout de quelque temps, on alterne cette nourriture avec une pâtée de farine d'orge ou de sarrasin, de riz cuit, etc.; plus tard, on leur donne quelques grains, du petit blé, par exemple, en même temps que l'on supprime les œufs durs. On dispose de l'eau pure dans de petits réservoirs à leur portée.

224. Nourriture des poules. — Les poules sont surtout nourries avec des graines : blé, orge, avoine, sarrasin, etc.; elles refusent les graines moisies ou gâtées; d'ailleurs la qualité de leur chair dépend des soins apportés à leur alimentation.

En été, on ajoute à cette nourriture des végétaux tendres, tels que des feuilles de salades.

En hiver, on leur donne des pâtées faites avec des pommes de terre cuites, et, parfois, avec des farines d'orge, de maïs, de sarrasin, etc.; ces dernières préparations sont très nutritives.

On leur distribue leurs repas trois fois par jour, en ayant soin de nettoyer chaque jour les récipients dans lesquels on dépose les pâtées. Les poules doivent toujours boire de l'eau pure (216).

225. Le poulailler. Production des œufs. — Le

Fig. 141. — Poulailler en planches.

poulailler est le local où les poules sont enfermées pendant la nuit. Ce local doit être très sain.

Lorsque les poules sont parquées dans un verger, on peut les loger dans un poulailler en planches, établi à un mètre au-dessus du sol (*fig.* 141). Quelle que soit sa disposition, le poulailler doit être tenu avec une grande propreté, car il est fréquemment envahi par la vermine; le plancher et les murs doivent être lavés et passés à la chaux deux fois au moins par an.

Au-dessus du plancher, on dispose un ou deux perchoirs où les poules viennent se poser chaque soir pour passer la nuit.

Dans un coin du poulailler se trouve le nid pour la ponte.

La jeune poule commence à pondre au bout d'un an; mais elle donne des œufs petits et en faible quantité. A deux ans, elle atteint son maximum de production en viande et en œufs (218). Il n'y a aucun intérêt à entretenir les poules au delà de leur troisième année.

226. Conservation des œufs. — On peut aisément conserver les œufs en procédant de la manière suivante :

On place les œufs dans des terrines ou des pots en terre. D'autre part, on délaye un peu de chaux* éteinte dans de l'eau, de façon à faire une bouillie très claire, et on laisse déposer; le liquide qui surnage sur la chaux s'appelle *eau de chaux*. On remplit avec ce liquide les vases qui renferment les œufs. Ces vases sont ensuite conservés dans la cave.

227. Engraissement des poules et des poulets. Le gavage. — Dans les centres d'élevage où l'on produit spécialement des jeunes poulets pour leur viande, on commence leur engraissement vers l'âge de quatre mois, quelquefois un mois ou deux plus tard.

Les volailles soumises à l'engraissement sont généralement placées dans des cases étroites, appelées *épinettes*, où elles ne peuvent se mouvoir; on évite ainsi toutes les pertes que pourrait subir leur organisme à la suite de mouvements plus ou moins violents. On leur sert régulièrement, trois fois par jour, une nourriture très riche : graines diverses, pâtées de farine d'orge ou de maïs, pommes de terre cuites délayées dans du lait, etc.

Lorsqu'on veut amener l'animal à un état parfait d'engraissement, on lui introduit de force dans le bec des pâtons de farine; cette opération s'appelle le *gavage*.

RÉSUMÉ

Les jeunes poussins sont nourris avec de la mie de pain mélangée à des œufs durs et de la salade hachée : plus tard, on leur donne des graines et des pâtées de farine. Les adultes sont alimentés avec des graines diverses, blé, orge, sarrasin, avoine, etc.; en hiver, on leur donne des pâtées de farine ou de pommes de terre cuites. Les poules doivent toujours boire de l'eau pure. On les engraisse en leur donnant une nourriture riche et en les maintenant dans des épinettes; parfois on les soumet au gavage.

QUESTIONNAIRE

223. Quels sont les soins à donner aux poussins? — 224. Parlez de l'alimentation des poules. — 225. Comment doit être disposé le poulailler? — A quel âge la poule donne-t-elle son maximum de produit? — 226. Comment peut-on conserver les œufs? — 227. Comment engraisse-t-on les poules? — Qu'appelle-t-on gavage?

DEVOIR DE RÉDACTION

Dites quels sont les soins à donner aux poules, et indiquez comment on engraisse ces volailles.

LECTURE

La tenue du poulailler.

Beaucoup de ménagères ignorent tout le profit qu'elles peuvent retirer de la basse-cour. La viande est chère; produisons de la viande. Ne négligeons plus l'élevage des volailles; imitons nos grands agriculteurs qui recherchent les meilleures graines pour semence; mettons couver les œufs de nos meilleures races pondeuses.

La tenue du poulailler est essentielle, non seulement pour la santé des volailles, mais pour le bon goût des œufs. La coque de l'œuf étant poreuse, perméable, laisse pénétrer toutes les odeurs; les fientes en fermentant produisent une odeur forte et nauséabonde, et l'intérieur de l'œuf s'en imprègne trop facilement.

Pour ce motif, la garniture des nids doit être renouvelée tous les huit jours, pour que les œufs ne prennent pas un mauvais goût de paille.

Les pondoirs sont souvent le réceptacle des poux, le foyer de la vermine ; une poule vient de se débarrasser de ses dévorants en se poudrant dans la terre, elle va pondre et de nouveaux habitants la dévorent. Il est donc essentiel de tenir les pondoirs très proprement, voire même de les saupoudrer de fleur de soufre.

E. Lemoine,

Elevage des animaux de basse-cour. p. 67.

Cinquante-quatrième leçon.

L'OIE ET LE CANARD

228. L'oie ; élevage. — L'oie domestique est exploitée pour sa chair, ses œufs et ses plumes ; la race la plus

Fig. 142. — Oie de Toulouse.

productive est *l'oie de Toulouse* (*fig.* 142). La femelle pond une quinzaine d'œufs chaque année.

L'oie couve elle-même ses œufs ; mais quelquefois on

confie les œufs d'oie à une dinde couveuse et plus rarement à une poule. La durée de l'incubation* est de vingt-huit jours.

Les jeunes oisons sont très délicats; ils redoutent le froid et la pluie. On leur donne comme nourriture de la mie de pain pulvérisée dans du lait, de l'ortie hachée, etc. Au bout d'une quinzaine de jours, ils mangent des bouillies de pommes de terre cuites, de farine, de son, des feuilles de salade, etc. Lorsqu'ils ont un mois, on les laisse sortir dans les champs où ils se nourrissent d'herbes diverses; à partir de ce moment, ils doivent être conduits chaque jour au *pacage** si le temps le permet; l'exercice favorise beaucoup leur développement.

229. Nourriture; engraissement. — Pendant la belle saison, le pâturage est le meilleur régime des oies; mais la quantité d'aliments qu'elles trouvent dans les champs est parfois insuffisante; dans ce cas, on leur donne le matin et le soir, dans la cour de l'exploitation, des aliments divers, tels que des grains d'avoine et d'orge, des pâtées de son ou de farine, des herbes recueillies dans le jardin, etc.

En hiver, les oies sont nourries de grains, de pâtées et de bouillies de pommes de terre cuites.

L'engraissement des oies commence lorsqu'elles ont acquis tout leur développement. On les maintient enfermées dans un endroit à demi obscur, et on leur donne, trois fois par jour, une nourriture riche, composée de grains, de maïs cuit et de pâtées de farine; elles doivent avoir toujours de l'eau à leur disposition. Au bout de quinze jours, on leur donne entre chaque repas des pâtons de farine. L'engraissement dure généralement un mois ou six semaines.

Pour amener l'oie à l'état de *fin gras*, on la soumet au gavage (227), après l'avoir engraissée comme nous venons de l'indiquer. Son foie acquiert alors un grand développement; on l'utilise pour la fabrication des *pâtés de foie gras*.

230. Récolte de la plume. — Les oies adultes sont

plumées généralement quatre fois par an; elles perdent d'ailleurs leur plume lorsqu'on ne l'enlève pas.

On recueille à chaque fois le duvet qui se trouve sous le ventre et sous les ailes. Si la plume n'est pas destinée à la vente, il faut la faire sécher; pour cela, il suffit de la placer dans un sac et de l'exposer dans un four immédiatement après la cuisson du pain.

231. Le canard ; principales races. — Le canard

Fig. 143. — Canard de Rouen.

(*fig.* 143) est un oiseau aquatique* exploité dans la basse-cour pour sa chair, ses œufs et ses plumes. La femelle peut pondre jusqu'à cent œufs par an.

Les principales variétés de canards sont :

Le *canard de Rouen* : gris marron, avec bec et pattes jaunes; race précoce, volumineuse;

Le *canard d'Aylesburry* : blanc, bec rose;

Le *canard de Barbarie*, ordinairement noir, bec et pattes toujours noirs; chair médiocre;

Le *canard de Labrador*: noir bronzé; bonne chair, moins volumineux et moins rustique que le canard de Rouen.

232. Elevage et exploitation du canard. — La cane couve elle-même ses œufs, mais parfois on utilise comme couveuses des poules ou des dindes. La durée de l'incubation* des œufs de cane est de vingt-huit jours.

Les jeunes canetons reçoivent comme nourriture des bouillies composées de son ou de farine d'orge délayés dans du lait, et auxquelles on mélange des orties hachées; on leur donne aussi du riz cuit; ils vont barboter dans l'eau pour chercher des vers, des colimaçons, dont ils se nourrissent.

Lorsqu'ils sont adultes, on leur donne des graines, des pâtées de son ou de farine d'orge, des feuilles de salade, etc.

Les canetons sont engraissés à l'âge de trois ou quatre mois; on les tient alors enfermés et on leur donne, en plus de leur nourriture ordinaire, des pommes de terre cuites, des pâtons de farine, etc. Si l'on veut obtenir des canetons très gras, on les soumet au gavage (227).

RÉSUMÉ

L'oie et le canard sont exploités pour leur chair, leurs œufs et leurs plumes; l'oie pond une quinzaine d'œufs par an, la cane en produit jusqu'à cent. Ces oiseaux couvent eux-mêmes leurs œufs; la durée de l'incubation est de vingt-huit jours. L'oie et le canard se nourrissent de grains, de pâtées, etc.; en été, l'oie est conduite au pâturage. On engraisse ces animaux en les maintenant enfermés et en soignant leur alimentation. Les oies soumises au gavage acquièrent un foie volumineux.

QUESTIONNAIRE

228. Quels sont les soins qu'exigent les oisons? — 229. Comment nourrit-on les oies? — Comment les engraisse-t-on? — 230. Parlez de la récolte de la plume. — 231. Quelles sont les principales races de canards? — 232. Comment élève-t-on les canards? — Comment les engraisse-t-on?

DEVOIR DE RÉDACTION

Elevage, nourriture et engraissement de l'oie.

Cinquante-cinquième leçon.

LE DINDON. LA PINTADE. LE PIGEON

233. Elevage du dindon. — Le dindon (*fig.* 144) est exploité surtout pour sa chair qui est très délicate; la femelle pond, en général, une trentaine d'œufs chaque année.

La dinde couve elle-même ses œufs; c'est d'ailleurs une bonne couveuse et on lui donne quelquefois à couver des œufs de poule, de canard ou d'oie. L'incubation* des œufs de dinde dure trente jours.

Les dindonneaux sont très délicats; ils périssent rapidement s'ils sont exposés à la pluie. Leur nourriture est

Fig. 144. — Dindon.

analogue à celle des oisons ou des canetons : mie de pain dans du lait, ortie hachée, etc. ; au bout de quelque temps, on leur donne des bouillies de son ou de farine, des grains d'avoine, etc.

Entre leur deuxième et leur troisième mois, les dindonneaux *prennent le rouge;* c'est à ce moment que se développent leurs barbillons et que leur tête se couvre d'une sorte de membrane charnue. Tant que le dindonneau n'a pas pris le rouge, c'est un animal très délicat, qu'il faut entourer constamment de grands soins.

234. Nourriture et engraissement du dindon. — Les dindons sont conduits aux champs pendant toute la belle saison; mais le matin et le soir on leur distribue divers aliments : des grains, des herbes du jardin, des pâtées de son ou de farine. Ils sont logés le plus souvent sous des hangars, munis de juchoirs*, sur lesquels ils passent la nuit en plein air; lorsqu'ils ont échappé à la crise du rouge, les dindons sont très rustiques.

On commence l'engraissement des dindons lorsqu'ils ont sept ou huit mois; ce sont des animaux voraces qui sont capables d'absorber beaucoup de nourriture. On leur donne d'abord des grains, des bouillies de pommes de terre, de farine d'orge ou de maïs, et, au bout de huit ou dix jours, on alterne cette nourriture avec des pâtons de farine délayée dans du lait. L'engraissement dure de vingt à trente jours.

Fig. 145. — Pintade.

Dans certains pays, on engraisse promptement les dindons en leur faisant avaler des noix entières.

235. La pintade. — La pintade (*fig.* 145), qui est à peu près de la grosseur de la poule, est exploitée pour sa chair, dont la saveur rappelle celle du gibier. Elle a la voix très criarde et désagréable.

La pintade peut pondre jusqu'à deux cents œufs par an. Elle couve elle-même ses œufs; mais on fait aussi couver ceux-ci par des poules ou des dindes; la durée de l'incubation des œufs de pintade est de vingt-huit jours.

Les pintadeaux sont délicats; on les nourrit d'abord, comme les poussins, avec de la mie de pain et des œufs durs; plus tard, on leur donne des grains. Lorsqu'ils sont emplumés, ils sont aussi rustiques que les poules. On les alimente alors avec des graines diverses, orge, avoine, maïs, etc., des bouillies de pommes de terre cuites, auxquelles on ajoute des feuilles de salade.

La pintade est très facile à engraisser; il suffit de la bien nourrir.

236. Le pigeon. — Les pigeons de volière sont

Fig. 146. — Pigeon.

exploités pour leur chair (*fig.* 146). Ils vivent par couples dans des colombiers, où ils disposent leurs nids et élèvent leurs petits, sans l'intervention de l'homme; l'incubation* de leurs œufs dure dix-sept jours.

Le colombier doit être aménagé de telle façon que les pigeons et leurs petits soient à l'abri des rats, des belettes, des fouines, etc.; à l'intérieur, dans la paroi des murs, des sortes d'excavations sont destinées à recevoir les nids des pigeons. Le colombier doit être fréquemment nettoyé.

La nourriture des pigeons se compose de graines diverses ; on leur donne du sarrasin, des lentilles, des pois, du chènevis, de l'alpiste, etc. ; ces graines sont généralement répandues deux fois par jour dans la cour près du colombier. Pendant la belle saison, les pigeons vont dans les champs chercher leur nourriture.

RÉSUMÉ

Les dindons sont exploités pour leur chair ; les dindonneaux sont très délicats jusqu'au moment où ils prennent le rouge ; plus tard, ils sont rustiques. Les dindons sont conduits chaque jour au pâturage ; on leur donne, en outre, des graines et des pâtées diverses. Les pintades, à la voix criarde, s'élèvent et se nourrissent comme les poules ; leur chair est très savoureuse. Les pigeons vivent par couples dans les colombiers ; ils élèvent eux-mêmes leurs petits.

QUESTIONNAIRE

233. Parlez de l'élevage des dindons. — 234. Comment nourrit-on les dindons ? — Comment les engraisse-t-on ? — 235. Quels sont les produits que donne la pintade ? — Comment nourrit-on les pintades ? — 236. Comment exploite-t-on les pigeons de volière ?

DEVOIR DE RÉDACTION

Elevage, nourriture et engraissement des dindons.

CHAPITRE II

Le lapin.

Cinquante-sixième leçon.

237. Le lapin ; races diverses. — Le lapin domestique est élevé pour sa chair ; c'est un animal robuste, facile à nourrir, qui se développe rapidement.

Les principales races de lapins sont :

Le *lapin commun*, au pelage* variable (*fig.* 147);

Le *lapin bélier*, bien plus gros que le précédent, mais dont la chair est inférieure à celle du lapin commun;

Le *lapin à fourrure*, ou *argenté*, de taille moyenne, dont la peau est recherchée par certaines industries;

Le *lapin russe* ou *de Chine*, dont le pelage* est blanc,

Fig. 147. — Le lapin.

avec les extrémités des pattes et des oreilles noires; les yeux sont rouges.

238. Aménagement du clapier. — Le clapier, c'est-à-dire le local où sont logés les lapins, doit être très sain et aéré; les lapins craignent beaucoup l'humidité. L'aération du clapier s'obtient simplement en fermant les ouvertures du local avec des fenêtres ou des portes à claire voie, garnies d'un treillis de fil de fer.

Le clapier est divisé en plusieurs compartiments qui permettent de séparer les mères, les lapins mâles et les jeunes; chaque compartiment est muni d'un petit râtelier dans lequel on dispose la nourriture herbacée du lapin.

Le sol du clapier doit être bétonné* ou pavé, et disposé en pente afin de permettre l'écoulement des urines; on le garnit de litière. Le clapier doit être fréquemment nettoyé.

239. Elevage du lapin. — La femelle est isolée quelque temps avant de faire ses petits; dans un coin de son compartiment, elle aménage son nid avec des brins de paille et des poils qu'elle s'arrache sous le ventre.

La lapine de race commune peut produire jusqu'à dix petits. Pendant leurs quinze premiers jours, ils vivent du lait de leur mère ; il faut éviter pendant ce temps de déranger la nichée ; si les jeunes sont nés en hiver, il faut les préserver du froid en fermant bien leur compartiment.

Au bout de quinze jours, les lapereaux sortent du nid et commencent à manger ; on les sèvre lorsqu'ils ont six semaines ; à ce moment, on les sépare de leur mère, et les mâles et les femelles sont élevés à part.

Une lapine peut faire quatre portées par an.

240. **Nourriture du lapin.** — La nourriture des lapins se compose de fourrages verts ou secs, de pâtées et de grains.

Pendant la belle saison, on leur donne du fourrage vert et des herbes diverses provenant du jardin : feuilles de chou et de salade, seneçon, liseron, etc. On alterne ces aliments aqueux avec des grains d'avoine ou d'orge. Il faut éviter de leur donner des herbes mouillées.

En hiver, on leur distribue des fourrages secs, des racines de carottes et de betteraves découpées en cossettes*, des pâtées de pommes de terre cuites et de son, quelques grains d'avoine ou d'orge.

Les repas doivent être distribués régulièrement trois fois par jour.

En été, le lapin, qui est nourri d'aliments verts, se passe parfaitement de boire ; mais, en hiver, lorsqu'il est nourri d'aliments secs, il est bon de mettre de l'eau à sa disposition.

241. **Engraissement du lapin.** — Le lapin devient adulte vers six ou huit mois. Si on veut l'amener à un bon état d'engraissement, il faut l'isoler dans un endroit très tranquille et lui donner, pendant quinze ou vingt jours, une nourriture riche et variée, dans laquelle les grains entrent en forte proportion.

RÉSUMÉ

Les principales races de lapins sont : le lapin commun, le lapin bélier, le lapin à fourrure ou argenté, le lapin russe ou de Chine. Le clapier doit être très sain et aéré : les lapines, les mâles et les jeunes doivent être logés séparément. En été, la nourriture des lapins consiste surtout en fourrages verts et en herbes diverses; en hiver, on leur donne des fourrages secs, des racines de betteraves et de carottes découpées, des grains, du son, etc.

QUESTIONNAIRE

237. Citez diverses races de lapins. — 238. Comment le clapier doit-il être aménagé? — 239. Parlez de l'élevage du lapin. — 240. Comment nourrit-on le lapin en été? — en hiver? — 241. Comment l'engraisse-t-on?

DEVOIR DE RÉDACTION

Elevage et alimentation du lapin; aménagement du clapier.

LECTURE

Le clapier.

La première condition de succès dans l'élevage des lapins est de leur procurer un logement sain, à bonne exposition, où l'air se renouvelle facilement, et dont l'accès soit interdit aux rats, fouines et belettes, grands destructeurs de tout gibier.

L'orientation préférable est celle du levant; l'exposition du midi convient encore, pourvu que des auvents préservent les lapins des rayons directs du soleil; car s'ils recherchent la chaleur, ils n'aiment pas rôtir, et leurs habitudes crépusculaires leur font plutôt désirer le demi-jour qu'une lumière ardente.

Toute humidité permanente est fatale aux lapins; c'est pourquoi il est nécessaire de leur ménager un local bien sec; par la même raison, l'eau des toits ne doit pas se déverser dans leur clapier; aucun fumier ne doit y demeurer longtemps.

Le lapin est naturellement propret; rien ne nuit plus à sa santé que les déjections qu'on laisse séjourner dans sa cabane; elles y entretiennent une humidité pernicieuse, et il s'en dégage des miasmes qui engendrent des épidémies auxquelles ces animaux ne résistent guère : leur logis ne saurait donc être tenu avec trop de soin.

L'air doit y être fréquemment renouvelé, chose facile; il suffit, pour cela, de garnir avec des grillages en fils de fer, les fenêtres ainsi que les ouvertures pratiquées à fleur de sol pour établir des courants d'air; dans les temps froids, on bouche ces ouvertures, car les nichées ont besoin de chaleur et les adultes ne laissent pas d'être frileux.

Le mobilier du clapier est fort simple; il se compose d'un râtelier où l'on dépose les fourrages verts ou secs, afin que les lapins ne les gaspillent pas, et d'une augette destinée à recevoir le son ou les menus grains donnés en complément de nourriture.

V. Rendu,
la Basse-Cour, p. 125.

CHAPITRE III

Les abeilles.

Cinquante-septième leçon.

242. — La colonie d'abeilles. — Les abeilles sont des insectes qui vivent en colonie et qui sont exploités pour la production du miel et de la cire.

Dans une colonie d'abeilles, il existe trois sortes d'individus : la reine, les mâles et les ouvrières.

1° La *mère* ou *reine*, plus grosse et plus allongée que les autres, passe sa vie à pondre ; pendant la belle saison, la reine peut pondre jusqu'à trois mille œufs chaque jour ; elle vit pendant quatre ou cinq ans ; il n'y a qu'une seule reine dans une colonie.

2° Les *mâles* ou *faux-bourdons*, en petit nombre dans la colonie, n'accomplissent aucun travail et vivent en parasites des produits recueillis par les autres individus.

3° Les *ouvrières*, plus petites que les précédents, construisent les cellules où la reine dépose ses œufs, nourrissent les jeunes larves* et récoltent le miel ; elles ne vivent pas plus de trente-cinq jours en été.

Dans une colonie qui renferme cinquante mille ouvrières, par exemple, il n'y a pas plus de deux mille à trois mille mâles ou faux-bourdons.

243. Multiplication des abeilles. — En été, les œufs déposés par la reine dans les cellules éclosent au bout de trois ou quatre jours et donnent naissance à des larves* (*fig.* 148).

Une partie des ouvrières sont occupées dans la ruche à nourrir les larves ; elles leur distribuent du miel mélangé à du pollen* de fleur.

La larve se transforme en nymphe* au bout de six

jours; elle reste à cet état, enfermée dans sa cellule, pendant douze jours, puis sort à l'état d'insecte parfait. L'ensemble des larves et des nymphes de la colonie s'appelle le *couvain*.

L'œuf qui doit produire une reine est placé dans une

Fig. 148. — Métamorphoses des abeilles.
A, larve; B, chrysalide ou nymphe; C, insecte parfait.

cellule plus grande que les autres; la larve à laquelle cet œuf donne naissance reçoit une nourriture spéciale préparée par les ouvrières.

244. L'abeille ouvrière. — Pendant ses premiers jours de vie, l'abeille ouvrière travaille dans la ruche; elle prépare et distribue la nourriture des larves*. Puis, elle sort de la ruche, et va recueillir au dehors les éléments du miel et de la cire.

Elle puise au moyen de sa trompe les principes *sucrés* des nectaires* des fleurs, les emmagasine dans la première dilatation de son estomac, appelée jabot, et les rapporte à la ruche. Sur les bourgeons de certains arbres, elle recueille la *propolis*, sorte de résine qui sert pour la construction de diverses parties de la ruche; enfin elle rapporte à la ruche des grains de pollen* qui adhèrent à son corps lorsqu'elle se frotte aux étamines des fleurs.

Fig. 149. — Cellules de cire.

L'abeille ouvrière peut se nourrir des principes sucrés des fleurs; dans ce cas, elle les assimile, puis les sécrète* sous la forme d'une matière grasse, la *cire*, qui se présente en lamelles entre les articles* de son abdomen.

245. Formation des rayons. — Les rayons sont formés de deux couches de cellules régulières, dont le fond est commun (*fig.* 149).

L'abeille construit les cellules avec la cire qu'elle sécrète* (244). Les pattes postérieures sont admirablement conformées pour lui permettre d'exécuter ce travail.

Un des articles* de ses pattes porte une cavité appelée corbeille, dans laquelle l'abeille emmagasine les grains de pollen* qu'elle recueille sur les fleurs. Un autre article est de forme carrée et il permet à l'abeille de presser la cire, de la disposer très régulièrement et de construire des cellules bien égales.

RÉSUMÉ

Une colonie d'abeilles comprend trois sortes d'individus : 1° la reine; 2° les mâles ou faux-bourdons; 3° les ouvrières; celles-ci sont les plus nombreuses; elles seules travaillent et recueillent les éléments du miel et de la cire. L'abeille provient d'un œuf pondu par la reine : cet œuf se transforme d'abord en larve, puis en nymphe, et finalement en insecte parfait. Les pattes postérieures de l'abeille sont conformées de telle façon qu'elle peut apporter à la ruche les grains de pollen et construire des cellules bien égales.

QUESTIONNAIRE

242. A quoi servent les abeilles? — Quels sont les individus qui peuplent une colonie d'abeilles? — 243. Comment se multiplient les abeilles? — 244. Quel est le travail exécuté par les ouvrières? — 245. Comment les ouvrières construisent-elles les rayons?

DEVOIR DE RÉDACTION

De quoi est composée une colonie d'abeilles? Quel est le travail exécuté par l'abeille ouvrière?

Cinquante-huitième leçon.

246. La petite ruche; l'essaimage. — La petite ruche, ou ruche à panier, couverte en paille (*fig.* 150), ne contient guère que quarante mille ouvrières.

Or pendant la belle saison, la reine pond jusqu'à trois mille œufs par jour (**242**); au bout d'un certain temps, la ruche devient trop étroite et une partie des abeilles sont forcées de quitter la colonie pour chercher une autre demeure. Ce phénomène s'appelle *essaimage;* il se produit vers le mois de juin; on recueille les abeilles qui quittent la ruche pour former un nouvel *essaim**.

Fig. 150. — Ruches à panier.

Si la reine a suffisamment de place pour déposer ses œufs, si la ruche est suffisamment grande pour que toutes les abeilles puissent y travailler, l'essaimage ne se produit pas.

247. La grande ruche. — L'expérience a montré qu'une ruche de 90000 individus donne trois fois plus de miel que trois ruches de 30000 abeilles; par conséquent, lorsqu'on veut produire du miel, la capacité de la ruche doit être suffisamment grande pour loger 100000 abeilles environ.

Les grandes ruches les plus perfectionnées sont les ruches à *rayons mobiles*, qui permettent l'exploitation rationnelle des abeilles; ces ruches se composent d'une caisse pouvant contenir jusqu'à trente cadres sur lesquels les abeilles construisent leurs cellules. Lorsqu'un cadre est couvert de rayons remplis de miel, on peut l'enlever et le remplacer par un cadre vide.

En employant les grandes ruches, dans lesquelles l'essaimage ne se produit pas, on peut récolter en moyenne de 20 à 25 kilogrammes de miel par ruche et par an. Dans certains ruchers, il arrive parfois que le rendement annuel dépasse 50 kilogrammes de miel par ruche.

248. Récolte du miel et de la cire. — La récolte du miel et de la cire s'effectue généralement vers la fin du mois d'août, après la *miellée*. On laisse dans la ruche une quantité de miel suffisante pour nourrir la colonie pendant la mauvaise saison.

Pour extraire le miel des rayons, on enlève, au moyen d'un couteau à lame flexible, les opercules* des cellules et, pour faciliter l'écoulement du miel, on soumet les rayons à une douce température, dans un four, par exemple. Mais ce procédé n'est employé que chez les cultivateurs possédant un petit nombre de ruches à rayons fixes. Lorsque la récolte est importante, l'extraction du miel s'effectue au moyen d'un *mello-extracteur;* cet appareil permet d'obtenir en quelques minutes le miel d'un cadre.

Quand le miel est extrait des rayons, il reste la *cire*. Pour l'obtenir à peu près pure, on la liquéfie en plaçant les rayons dans l'eau bouillante. On passe le liquide dans une toile pour enlever les impuretés; lorsque le liquide se refroidit, la cire se solidifie à sa surface.

249. Soins à donner aux abeilles. — Le rucher est le plus souvent installé à l'air libre, abrité contre les vents; les ruches sont exposées de préférence au sud.

Les abeilles doivent trouver dans la ruche, du mois de septembre au mois d'avril, une quantité de miel suffisante pour leur nourriture; on l'évalue à 15 kilogrammes environ pour une grande ruche. Lorsque le miel fait défaut, on peut le remplacer par un sirop, composé de 10 kilogrammes de sucre dans 6 litres d'eau, déposé à la portée des abeilles.

Dans une grande ruche, les abeilles sont en nombre suffisant pour entretenir la température qui leur permettra d'échapper au froid. Comme elles sont toutes réunies dans la ruche, elles peuvent manquer d'air et périr par asphyxie; pour que les ruches soient suffisamment aérées, on les dispose de façon qu'elles ne portent pas sur le sol.

Pendant l'hiver, il faut éviter de déranger les ruches, car si les abeilles, agglomérées les unes contre les autres, étaient séparées, le froid pourrait les atteindre.

RÉSUMÉ

La petite ruche à panier, qui renferme 40000 ouvrières environ, produit généralement un essaim chaque année. La grande ruche, qui peut contenir 100000 ouvrières, donne proportionnellement beaucoup plus de miel et de cire; mais elle ne produit pas d'essaim. Le miel est extrait, soit en soumettant les rayons à une douce chaleur, soit au moyen d'un melloextracteur; la cire est extraite par la fusion des rayons dans l'eau bouillante. Il faut laisser dans la ruche suffisamment de miel pour nourrir les abeilles pendant l'hiver.

QUESTIONNAIRE

246. Qu'appelle-t-on essaimage? — Quels sont les inconvénients et les avantages de la petite ruche? — 247. Qu'appelle-t-on grande ruche? — Quels sont les avantages et les inconvénients de la grande ruche? — 248. Comment recueille-t-on le miel et la cire? — 249. Quels sont les soins à donner aux abeilles?

DEVOIR DE RÉDACTION

Le rucher : aménagement des ruches; récolte du miel et de la cire.

LA TENUE DU MÉNAGE

CHAPITRE PREMIER

Les aliments.

Cinquante-neuvième leçon.

LE PAIN

250. Alimentation de l'homme. — L'homme, pour vivre et réparer ses forces, absorbe certains aliments; les uns sont d'origine végétale, tels que le pain, les légumes, les fruits; d'autres sont d'origine animale, tels que les viandes, le lait, les œufs; ces derniers sont plus riches que les précédents.

Le lait est un aliment complet (187); il suffit d'ailleurs pour alimenter les nouveau-nés pendant la première période de leur vie.

L'œuf est également un aliment riche et complet, facilement digestible (219).

251. Le pain; la farine. — Le pain est fabriqué avec de la farine de céréale*; c'est un aliment complet, très digestible lorsqu'il est bien préparé; mais il n'est pas très riche.

Les graines des céréales sont transformées par la meunerie en deux produits : la *farine* et le *son*. Ainsi, 100 kilogrammes de blé donnent environ 75 kilogrammes de farine; le reste est du son; 100 kilogrammes de farine de blé fournissent de 130 à 145 kilogrammes de pain.

Les céréales* dont on transforme les graines en farine sont : le blé, le seigle, le riz et quelquefois l'orge; la farine de sarrasin sert à préparer des galettes dans certains pays pauvres. La farine de blé est la plus utilisée pour la fabrication du pain; celle de seigle donne un pain bis qui se conserve bien frais; celle d'orge produit un pain de qualité inférieure.

Dans les pays méridionaux, on produit des blés durs, dont la farine sert à la préparation des pâtes alimentaires : vermicelle, macaroni, etc.

252. **Préparation de la pâte. Le levain.** — Le levain est une petite quantité de pâte provenant de la dernière fournée et qui a déjà subi la fermentation*.

La farine destinée à la fabrication du pain est placée dans une sorte de coffre en bois appelé *pétrin*, *huche*, ou *maie*. On commence par délayer le levain dans l'eau tiède au milieu de la masse de farine; la pâte préparée sans levain ne fermente pas et donne un pain compact, indigeste. Au bout de quelques heures, on délaye toute la farine de façon à former une pâte liante. Parfois, on sale légèrement la masse.

Le travail de la pâte, appelé *pétrissage*, est d'une grande importance pour la réussite de l'opération; on la retourne et on la malaxe régulièrement pendant vingt minutes environ.

La pâte est ensuite disposée dans des corbeilles; si la température n'est pas trop basse, elle ne tarde pas à *lever*, c'est-à-dire à fermenter*.

Pendant la fermentation*, il se développe dans la masse des bulles d'acide carbonique* qui restent emprisonnées dans la pâte et la soulèvent, de sorte qu'elle double de volume : ces bulles de gaz occupaient les espaces vides que l'on aperçoit dans la mie du pain. Les trous de la mie favorisent la digestibilité du pain.

Lorsque la fermentation* de la pâte est suffisamment développée, les pains sont portés au four.

253. **Le four; cuisson du pain.** — Le four est chauffé avec du bois pendant que la pâte fermente; la pratique indique vite à la ménagère lorsque le four est suffisamment chaud; en général, la température est

suffisante pour la cuisson du pain lorsque la voûte du foyer est blanche.

On y introduit alors les pains au moyen d'une pelle à long manche et on le ferme immédiatement; dix minutes après, on examine la couleur de la croûte; si elle noircit, on laisse le four ouvert pendant quelques instants.

Le temps nécessaire à la cuisson du pain est variable; il est, en général, d'une heure et demie pour les pains de ménage pesant de six à dix kilogrammes.

RÉSUMÉ

Les aliments de l'homme sont d'origine végétale, comme le pain, les légumes et les fruits, ou d'origine animale, comme les viandes, le lait et les œufs. Le pain est préparé avec de la farine de céréale. On délaye d'abord le levain dans l'eau tiède, puis, quelques heures plus tard, toute la masse de farine, de façon à former une pâte que l'on pétrit et malaxe soigneusement; lorsque la pâte, mise en corbeille, est fermentée, on la porte dans un four suffisamment chauffé.

QUESTIONNAIRE

250. Quels sont les principaux aliments de l'homme? — 251. Citez les différentes farines utilisées pour la fabrication du pain. — Avec quoi prépare-t-on les pâtes alimentaires? — 252. Qu'appelle-t-on levain? — Comment prépare-t-on la pâte destinée à donner le pain? — 253. Dites ce que vous savez sur la cuisson du pain.

DEVOIR DE RÉDACTION

Expliquez les différentes opérations qu'il faut exécuter pour préparer le pain.

Soixantième leçon.

LES VIANDES

254. Viande de boucherie; le bœuf. — Les viandes de boucherie se divisent en deux catégories : 1° les viandes de bœuf et de mouton, qui sont des *viandes rouges;* 2° la viande de veau, qui est une *viande blanche.*

La plus importante des viandes utilisées pour l'alimentation de l'homme est celle de *bœuf;* on la consomme bouillie, rôtie, ou en ragoût.

Le bouilli donne deux produits : le *bouillon*, qui sert pour la préparation de potages variés, et la *viande* bouillie. Le bouillon est peu riche en matières nutritives, mais il prépare à une bonne digestion ; la viande de bœuf bouillie est un aliment très riche, mais moins digestible que la viande rôtie.

Toutes les parties du corps d'un bovidé ne donnent pas de la viande de même qualité. A cet égard, le corps

Fig. 151. — Catégories de viandes de bœuf.

1re *Catégorie*. — 1. Aloyau et filet. — 2. Culotte. — 3. Faux filet. — 4. Gîte à la noix. — 5. Quasi ou tendon de tranche. — 6. Romsteck. — 7. Tranche grasse. — 2e *Catégorie*. — 8. Bavette d'aloyau. — 9. Boîte à moelle. — 10. Paleron. — 11. Macreuse dans le paleron. — 12. Pointe de paleron. — 13. Talon de collier. — 3e *Catégorie*. — 14. Collier. — 15. Crosse. — 16. Flanchet. — 17. Gîte ou Trumeau. — 18. Grosse poitrine. — 19. Moyenne poitrine. — 20. Plates côtes. — 21. Queue de gîte. — 4e *Catégorie*. — 22. Côtes couvertes à la noix. — 23. Surlonge. — 24. Tête.

de l'animal a été divisé en plusieurs régions (*fig*. 151). Les morceaux de première qualité sont : le filet, le gîte à la noix, la culotte, l'aloyau, la tranche. Les morceaux de seconde catégorie sont : le paleron, la bavette d'aloyau, etc. Enfin, ceux de la troisième catégorie sont : le collier, le gîte, le pis, etc.

255. Mouton, veau et porc. — La viande de mouton est aussi nutritive que celle de bœuf et très digestible.

Le mouton fournit à la boucherie diverses catégories de viandes (*fig.* 152). Les morceaux de première qualité sont : le gigot (cuisse) et le filet, puis l'épaule. Les morceaux de moindre valeur sont : les côtes, le collet, etc., qui servent pour le ragoût.

Fig. 152. — Mouton.
1re *Catégorie.* — 1. Carré. — 2. Gigot. — 2e *Catégorie.* — 3. Épaule. — 4. Tête. — 3e *Catégorie.* — 5. Collet. — 6. Poitrine.

Le veau fournit aussi des morceaux de diverses qualités (*fig.* 153). Les meilleurs sont : le cuissot, le carré, la longe et le rognon; puis viennent : l'épaule, la poitrine, le collet, etc.

Fig. 153. — Veau.

1re *Catégorie.* — 1. Carré. — 2. Cuissot. — 3. Longe et Rognon. — 4. Rouelle. — 5. Talon de rouelle. — 2e *Catégorie.* — 6. Bas de carré. — 7. Épaule. — 8. Grosse poitrine. — 9. Poitrine. — 10. Tête. — 3e *Catégorie.* — 11. Collet. — 12. Crosse.

La viande de porc est toujours grasse et un peu difficile à digérer (212-214).

256. Volaille; gibier; poisson. — Les viandes de poulet et de pigeon sont *blanches* et très digestibles; elles conviennent aux convalescents; celles que fournissent l'oie et le canard sont de couleur plus *foncée* et moins digestibles.

Les viandes de gibier sont de couleur *très foncée*, car elles sont, en général, imprégnées de sang; ces viandes sont très nutritives, mais peu digestibles; de plus, elles irritent et fatiguent l'estomac.

La chair du poisson est, en général, peu nutritive; les poissons à chair blanche, tels que la truite, la perche, la sole, le merlan, etc., se digèrent bien; l'anguille, la lamproie, etc., dont la chair est estimée parce qu'elle est un peu grasse, sont bien moins digestibles que les précédents.

257. Viandes dangereuses. — Nous savons déjà que la viande de porc ladre peut communiquer à l'homme qui la consomme le ver solitaire ou tœnia (215). Les viandes de bœuf et de veau atteints de ladrerie peuvent aussi communiquer à l'homme des tœnias. La cuisson de la viande détruit les germes de ces maladies.

La *tuberculose*, ou phtisie pulmonaire, peut se transmettre à l'homme par l'ingestion des viandes provenant d'animaux atteints de cette maladie : viandes de boucherie, volailles, etc. Le lait des vaches tuberculeuses peut également transmettre la maladie.

Les viandes gâtées, qui ont subi un commencement de putréfaction*, sont très dangereuses car elles renferment des poisons. Les accidents qu'elles produisent se remarquent surtout chez les personnes qui consomment certaines conserves, telles que les saucisses, etc.

RÉSUMÉ

La viande de bœuf et celle de mouton sont des viandes rouges, très nutritives et très digestibles; la viande de veau est une viande blanche. En général, la partie postérieure du corps d'un animal produit les meilleurs morceaux de viande : filet, gîte à la noix, culotte pour le bœuf; gigot de mouton; cuissot de veau, etc. Certaines maladies peuvent se transmettre à l'homme par l'ingestion de viandes provenant d'animaux atteints de ces maladies : la ladrerie, la tuberculose, etc.

QUESTIONNAIRE

254. Quelle est la valeur alimentaire du bouillon? — Citez différentes catégories de viandes de bœuf. — 255. Quels sont les morceaux les plus recherchés du mouton? — du veau? — 256. Quelle est la valeur alimentaire de la volaille? — du gibier? — du poisson? — 257. Citez quelques maladies qui peuvent atteindre l'homme par suite de l'ingestion de viandes.

DEVOIR DE RÉDACTION

Enumérez les différentes viandes que nous consommons, et dites ce que vous savez sur la valeur alimentaire de ces viandes.

LECTURE

La viande de boucherie.

La *chair des animaux*, ou viande, est l'aliment le plus nourrissant. Les viandes qui tiennent le premier rang comme pouvoir nourrissant sont : le bœuf et le mouton.

On mange à peu près toutes les parties des animaux : la cervelle, la langue, le foie, les rognons ; mais aucune de ces parties, comme valeur nutritive et comme facilité digestive, ne vaut la chair musculaire ou viande proprement dite.

Le veau et l'agneau sont des viandes d'autant moins nourrissantes qu'elles proviennent de plus jeunes animaux.

La chair du porc est assez nourrissante; mais, comme elle est toujours très grasse, elle est lourde ou difficile à digérer pour quelques estomacs. Lorsqu'elle est salée, elle est d'une digestion plus facile. Elle se prête alors à toutes les préparations de la charcuterie, et, notamment, à la fabrication des jambons. Mais la charcuterie, comme toutes les salaisons, est assez irritante et constitue une nourriture de qualité médiocre dont il ne faut pas abuser. On peut faire une exception pour la viande de porc cuite avec des légumes, comme dans la soupe aux choux.

La viande du cheval est très saine et très nourrissante; mais elle est un peu dure et son goût se rapproche beaucoup plus de celui du gibier (sanglier, cerf, chevreuil) que de celui du bœuf et du mouton.

Dr HECTOR GEORGE,
Leçons élémentaires d'hygiène, p. 3.

Soixante et unième leçon.

LES LÉGUMES ET LES FRUITS. CONDIMENTS

258. Les légumes; légumes herbacés. — Les légumes herbacés qui entrent dans la consommation du ménage ont été étudiés précédemment (67-108).

Quelques-uns sont consommés crus, tels que les salades, l'artichaut, etc.; ils ne conviennent pas aux estomacs délicats. La plupart sont consommés cuits : les choux, les navets, les carottes, les épinards, etc. Tous ces légumes renferment une certaine quantité de principes alimentaires et agissent favorablement sur la digestion.

Les pommes de terre, préparées de diverses manières, constituent un aliment un peu lourd, qui n'est pas très riche, mais qui est très précieux, surtout dans les pays pauvres.

259. Les légumes farineux. — On désigne sous ce nom les légumes dont on consomme les graines mûres : les pois, les haricots, les lentilles, les fèves. Tous ces légumes sont presque aussi riches que la viande en matières nutritives.

Les principes qu'ils contiennent sont enfermés dans une enveloppe dure, indigeste; quand ils sont préparés à l'état de *purée*, ils constituent un aliment de premier ordre.

Il faut les faire cuire dans de l'eau bien pure; les eaux calcaires* les durcissent.

260. Les fruits. — Les fruits, tels que les poires, les pommes, les cerises, les raisins, etc., sont, en général, très peu nutritifs; mais ils se digèrent très bien, calment la soif, et constituent les meilleurs desserts; ils facilitent la digestion par les produits acides et les sels qu'ils renferment.

Il faut éviter de manger des fruits verts ou insuffisamment mûrs; à cet état, les fruits sont indigestes et provoquent des diarrhées.

Les fruits qui renferment des matières grasses, comme

les noix, les noisettes, les olives, sont d'une digestion difficile.

261. Les condiments ; le sucre. — Les condiments sont des matières que l'on ajoute aux aliments pour rendre ceux-ci plus appétissants et plus digestibles. Les principaux condiments sont : le sucre, le sel de cuisine, le vinaigre et les épices.

Le sucre en pain, utilisé dans le ménage, est extrait de la *betterave* à sucre ou d'une plante des pays chauds qu'on appelle la *canne à sucre*. Le sucre est un véritable aliment; de plus, il facilite la digestion; mais il ne faut pas en faire un abus.

Certaines sucreries ne sont pas sans danger, parce que leur coloration est obtenue au moyen de produits nuisibles à la santé.

262. Autres condiments. — Le *sel de cuisine*, sel marin ou sel gemme, est indispensable à la nourriture de l'homme. On l'emploie à l'état de sel gris, extrait des eaux de la mer, ou de préférence à l'état de sel blanc pulvérisé, extrait de certaines mines. Un homme adulte doit en consommer de 15 à 30 grammes par jour.

Le *vinaigre* est obtenu en soumettant le vin à une certaine fermentation*; c'est un produit acide utilisé surtout dans la préparation des salades. Il excite la digestion; mais il faut en user avec beaucoup de modération, car il fatigue l'estomac.

Les *épices* servent à relever le goût des aliments et à exciter l'appétit. Les principales épices proviennent de plantes vivant dans les pays chauds : le poivre, les clous de girofle, la vanille, etc. D'autres sont produites sous notre climat : les feuilles de laurier, l'ail, les graines qui servent à fabriquer la moutarde, etc. Toutes les épices sont irritantes et, prises en excès, fatiguent bien vite l'estomac.

RÉSUMÉ

Les légumes herbacés sont, en général, peu nutritifs, mais très digestibles; les légumes farineux sont presque aussi riches que la viande. Les fruits mûrs et sucrés constituent d'excellents desserts; les fruits verts sont indigestes; ceux qui renferment des matières grasses sont peu digestibles. Le sucre et le sel marin sont de véritables aliments. Le vinaigre et toutes les épices doivent être consommés avec modération, car ils irritent et fatiguent l'estomac.

QUESTIONNAIRE

258. Citez quelques légumes herbacés et dites comment on les consomme. — 259. Quelle est la valeur alimentaire des légumes farineux? — Comment doit-on les cuire? — 260. Quel est le rôle des fruits dans l'alimentation? — 261-262. Qu'appelle-t-on condiment? — Dites ce que vous savez sur le sucre; — le sel; — le vinaigre; — les épices.

DEVOIR DE RÉDACTION

Emploi des légumes et des fruits dans l'alimentation du ménage; indiquez la valeur alimentaire de ces différents produits.

LECTURE

Le pot-au-feu.

Pour obtenir un potage parfait, il faut sept ou huit heures de cuisson lente. Après avoir battu, dressé et attaché la viande, on la place dans un pot de terre ou de fer, qu'on remplit d'eau froide; l'eau de fontaine est préférable à l'eau de puits. On sale immédiatement, et pour faire écumer la viande, on place le pot, sans le couvrir tout à fait, devant un feu doux.

Lorsque le feu est ardent, la viande est saisie, elle se resserre, et les sucs qu'elle contient, au lieu de se répandre dans le bouillon, restent concentrés dans l'intérieur; elle est, à la vérité, meilleure à manger; mais on tient autant à avoir de bon bouillon que de bonne viande. Si l'eau bout avant que toute l'écume ait été enlevée, le bouillon est trouble.

Lorsque l'eau bout et que le bouillon est bien écumé, on y met les légumes, c'est-à-dire trois ou quatre carottes selon leur grosseur ou la dimension du pot, un navet, un panais, quatre ou cinq poireaux qu'on lie ensemble afin de les retrouver facilement lorsqu'ils sont cuits, une très petite branche de céleri, un peu de caramel, une boule d'oignon, excellente préparation qui se trouve dans le commerce d'épicerie, un ou deux clous de girofle. Si les carottes sont très longues, on les coupe d'abord en deux morceaux, puis on fend le plus gros morceau en quatre. Il faut mettre peu de navets dans le pot-au-feu: ils ont l'inconvénient d'affadir le bouillon. Quelques personnes ajoutent à tout cela une gousse d'ail, qu'il faut supprimer si le bouillon est destiné à des malades.

Au moment d'y mettre des légumes, on retire, pour leur faire place, une portion du bouillon, qu'on remet lorsque la cuisson a fait évaporer une partie du liquide. On n'a plus alors qu'à entretenir un feu doux et égal pour maintenir une petite ébullition; si l'on activait le feu pour faire cuire un autre mets, il faudrait reculer le pot jusqu'à ce qu'il ne fût plus exposé qu'au degré de chaleur qui lui convient.

La proportion de viande nécessaire pour obtenir un bon bouillon est de 1 kilogramme pour 2 litres d'eau, qui se réduisent par la cuisson. On peut en mettre moins.

Mme MILLET-ROBINET,
Maison rustique des dames, t. I, p. 355.

CHAPITRE II

Les boissons.

Soixante-deuxième leçon.

L'EAU

263. L'eau; ses usages. — Par suite de la respiration et de la transpiration, notre corps perd constamment de l'eau; la soif nous indique quand il faut réparer cette perte. Un homme adulte consomme environ un litre et demi d'eau en vingt-quatre heures.

Lorsque le corps est très échauffé à la suite d'exercices violents, il faut éviter de boire beaucoup d'eau froide; le refroidissement brusque de l'estomac produit des troubles graves.

L'eau a bien d'autres usages : elle sert pour la cuisson des aliments, pour nos soins de propreté, pour le lavage du linge, etc.

264. L'eau pure. L'eau potable. — L'eau *pure* est formée de la combinaison* de deux corps : l'oxygène* et l'hydrogène*. Pour préparer de l'eau pure, il suffit de distiller de l'eau ordinaire (*fig.* 154). On peut encore obtenir d'excellente eau pure en la recueillant au milieu d'une pluie.

L'eau *potable* est celle qui est propre à la boisson de l'homme; elle n'est pas nécessairement pure, comme l'eau obtenue par la distillation.

L'eau potable doit être fraîche, limpide, aérée, sans

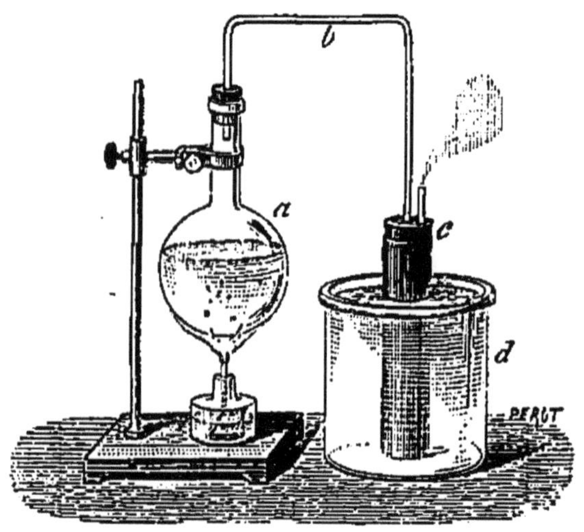

Fig. 151. — Distillation de l'eau.

Le ballon *a*, qui renferme de l'eau, est chauffé au moyen d'une lampe à alcool; la vapeur d'eau s'échappe par le tube *b* et arrive dans le récipient *c* où elle se refroidit et se condense, c'est-à-dire se transforme en eau; le vase *d* renferme de l'eau destinée à refroidir la vapeur.

odeur, sans saveur appréciable ou d'une saveur agréable. La quantité de matières qu'elle tient en solution ne doit pas dépasser un demi-gramme par litre. L'eau trop chargée de sels calcaires* n'est pas potable, elle ne peut dissoudre le savon; elle est impropre à la cuisson des légumes farineux (259).

Enfin, l'eau potable destinée à la boisson de l'homme ne doit pas renfermer les germes des maladies contagieuses, telles que la fièvre typhoïde, la dysenterie, etc.; ces germes, désignés sous le nom de microbes, seront étudiés plus loin (66e leçon).

265. Eau de source. — L'eau de pluie qui s'infiltre dans le sol, se réunit en nappes souterraines et s'écoule par les *sources*. L'eau de source, prise à la source même, est généralement une bonne eau potable, limpide, fraîche, et exempte des germes causant certaines maladies (264).

Cependant quelques eaux de source, très chargées de carbonate de chaux ou calcaire*, ne sont pas potables (264); d'autres renferment des gaz ou des sels divers et sont employées comme eaux médicinales.

266. Eau courante. — Les eaux de source se réunissent pour former les rivières et les fleuves qui se déversent dans la mer.

Les eaux de rivières et de fleuves, appelées *eaux courantes*, subissent le contact d'une foule de substances qu'elles dissolvent ou qu'elles entraînent. Au voisinage des villes et des villages, les eaux courantes se chargent de matières qui les souillent et les rendent dangereuses pour l'homme lorsqu'il veut s'en servir comme boisson. De plus, certaines industries déversent leurs résidus dans les eaux courantes et contribuent ainsi à les rendre impures.

267. Eau de puits. — L'eau de puits ou de citerne, très utilisée dans les pays où les sources manquent, n'est potable que si le récipient qui la renferme est établi dans certaines conditions de salubrité.

Dans les villes, les eaux de puits sont forcément contaminées parce que le sous-sol est souillé par des infiltrations et des impuretés de toutes sortes.

A la campagne, le puits doit être établi loin de la plate-forme à fumier et de la fosse à purin (23), éloigné des cabinets ou fosses d'aisances ; ces fosses doivent être parfaitement étanches* afin d'éviter toute infiltration. Il est prudent de ne boire des eaux de puits ou de citerne qu'après les avoir purifiées, comme nous l'indiquerons dans la leçon suivante.

268. Eau de mare ou d'étang. — Les eaux de mare ou d'étang sont stagnantes, peu aérées; elles sont chargées de matières putrescibles* qui leur donnent une couleur et une odeur désagréables ; elles sont toujours impures et dangereuses.

RÉSUMÉ

L'eau est la principale boisson de l'homme. L'eau potable, qui doit être employée comme boisson, est claire, limpide, fraîche, peu chargée de sels de chaux, exempte des microbes qui causent certaines maladies contagieuses. L'eau de source est, en général, la meilleure eau potable ; l'eau de puits n'est bonne que si le puits est éloigné de toute infiltration impure. L'eau de rivière ou de fleuve, celle de mare ou d'étang, sont souillées par des impuretés de toutes sortes.

QUESTIONNAIRE

263. Quels sont les usages de l'eau ? — 264. Qu'appelle-t-on eau pure ? — eau potable ? — Quels sont les caractères de l'eau potable ? — 265-268. Quelle est la valeur, comme boisson, de l'eau de source ? — de l'eau de puits ? — des eaux courantes ? — des eaux stagnantes ?

DEVOIR DE RÉDACTION

Caractères de l'eau potable ; indiquez quelles sont les eaux propres à la boisson de l'homme.

Soixante-troisième leçon.

MOYENS DE PURIFIER L'EAU

269. Maladies causées par les eaux. — Les eaux impures peuvent renfermer les germes de certains parasites qui se développent dans le corps de l'homme lorsqu'il absorbe ces eaux ; ces parasites sont des vers, parmi lesquels il faut citer l'*ascaride* des enfants.

Mais les eaux impures sont bien plus redoutables, parce qu'elles peuvent renfermer les microbes qui sont la cause de la *fièvre typhoïde*, de la *dysenterie*, du *choléra*, etc., maladies très graves, presque toujours mortelles.

Les eaux potables même, celles qui proviennent de sources ou de puits bien aménagés, peuvent accidentellement renfermer les germes de ces parasites ou de ces maladies redoutables.

On voit combien il importe de purifier les eaux utilisées comme boisson, lorsqu'on n'est pas certain de leur bonne qualité. On les purifie de deux manières : par l'ébullition et par la filtration.

270. Purification de l'eau par l'ébullition. — Lorsqu'on soumet l'eau à l'ébullition pendant vingt minutes environ, on est à peu près certain de tuer tous les germes de parasites ou de maladies qu'elle renferme. Pour stériliser l'eau d'une façon complète, il faudrait la porter à la température de 120 degrés environ, ce qui n'est possible qu'au moyen d'appareils spéciaux.

L'eau qui a bouilli pendant vingt minutes a perdu les gaz qu'elle tenait en dissolution; elle n'est pas suffisamment aérée. L'eau bouillie, absorbée aussitôt qu'elle est refroidie, est indigeste; il est utile de l'agiter à l'air avant de l'employer comme boisson.

271. Purification de l'eau par filtration. — On peut dépouiller une eau impure de la plupart des produits qu'elle tient en suspension en la filtrant à travers une couche de sable fin, par exemple.

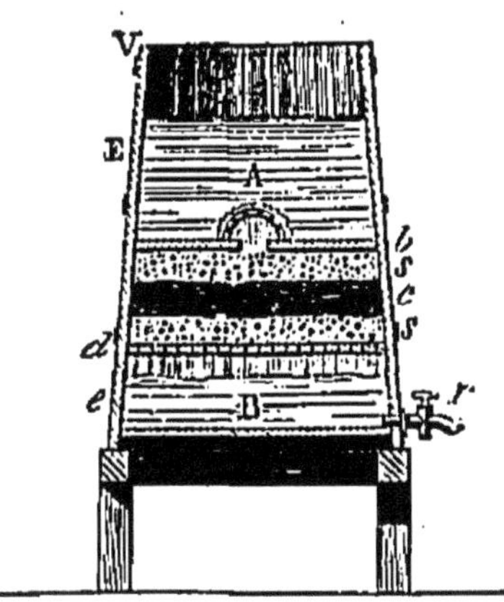

Fig. 155. — Filtre ordinaire de ménage.

Les filtres les plus ordinairement usités dans les ménages sont aménagés de la façon suivante (*fig.* 155). L'eau à purifier est déversée à la partie supérieure, en A; elle traverse deux couches de sable, S, séparées par une couche de charbon de bois, C, qui a la propriété d'absorber certains gaz. Les couches de sable et de charbon sont maintenues entre deux traverses de bois, *b* et *d*, percées de trous. L'eau se réunit en B; on la recueille par le robinet *r*. De temps en temps, on renouvelle les couches de sable et de charbon.

L'eau ainsi filtrée est débarrassée de tous les corps

qu'elle tient en suspension et d'une partie des autres impuretés qui la souillaient; mais elle renferme encore la plupart des germes des maladies dont nous avons déjà parlé (269).

272. Le filtre Chamberland. — Le filtre Chamberland permet de débarrasser l'eau des microbes qu'elle renferme. Il se compose d'une *bougie* en porcelaine non vernissée, à travers les parois de laquelle l'eau filtre (*fig.* 156).

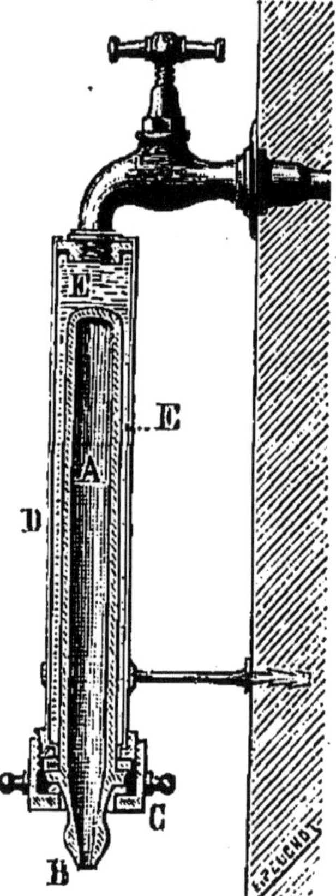

Fig. 156.
Filtre Chamberland.

L'eau arrive sous une certaine pression en E, dans le récipient D, et entoure la bougie de porcelaine qui constitue le filtre. Elle passe à travers la porcelaine et arrive dans l'intérieur de la bougie en A; elle s'écoule en B. Ce filtre est d'un faible débit.

Il existe aussi des filtres Chamberland qui permettent de filtrer l'eau sans pression; l'eau filtre goutte à goutte.

Il faut nettoyer tous ces filtres fréquemment et passer les bougies de porcelaine à l'eau bouillante, lorsqu'on ne peut pas les soumettre à une température plus élevée.

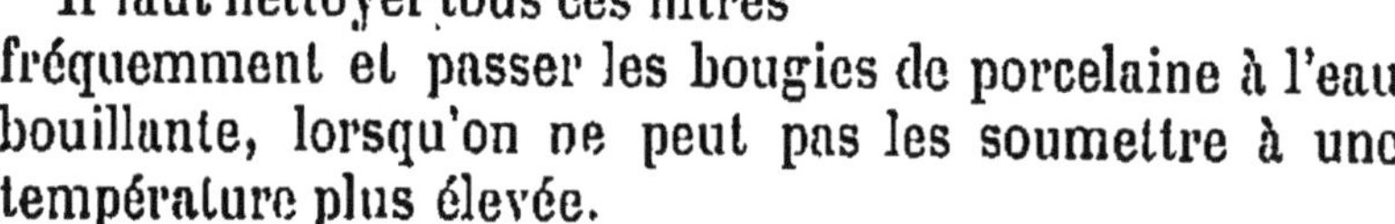

RÉSUMÉ

Les eaux impures ou malsaines renferment les germes de certains vers ou de maladies contagieuses, telles que la fièvre typhoïde, la dysenterie, etc. Les eaux potables peuvent renfermer ces germes accidentellement. On purifie les eaux d'une façon certaine par l'ébullition pendant vingt minutes; il faut aérer les eaux bouillies avant de les consommer. Les filtres de ménage ne donnent pas une eau très pure; le filtre Chamberland leur est bien supérieur, parce qu'il débarrasse les eaux des microbes qu'elles renferment.

QUESTIONNAIRE

269. Quels sont les accidents ou les maladies causés par les eaux? — 270. Comment peut-on purifier l'eau d'une façon certaine? — L'eau bouillie est-elle bonne à boire? — 271. Comment le filtre de ménage est-il généralement construit? — Ce filtre donne-t-il de l'eau pure? — 272. Qu'appelle-t-on filtre Chamberland?

DEVOIR DE RÉDACTION

Indiquez comment la ménagère doit procéder pour obtenir de l'eau potable, propre à être utilisée comme boisson.

LECTURE

Purification des eaux.

Lorsqu'on est réduit par la nécessité à faire usage des eaux stagnantes, il est bon d'imiter l'exemple des Chinois et de ne s'en servir que sous forme d'infusion de thé, de café ou de plantes aromatiques. En portant le liquide à l'ébullition, on détruit les infusoires microscopiques et les germes vivants qu'il renferme; en masquant sa saveur désagréable, on la rend plus facile à consommer.

En effet, l'ébullition purifie l'eau; la température de 100 degrés détruit en particulier la plupart des germes, au moins tous ceux que nous connaissons comme appartenant à des maladies assez fréquemment transmises par l'eau. Aussi doit-elle être pratiquée d'une manière générale en temps d'épidémie de fièvre typhoïde et de choléra; il serait bon de l'utiliser également pour toutes les eaux dont on soupçonne la contamination. Malheureusement, l'ébullition a l'inconvénient d'enlever à l'eau une partie de son oxygène; aussi est-il nécessaire d'agiter l'eau à l'air pendant qu'on la fait bouillir afin de la rendre aussi digestible que l'eau pure.

On a aussi recours, pour purifier l'eau, à la filtration. Il existe différentes espèces de filtres de ménage. Les uns se composent essentiellement de plusieurs compartiments mobiles, formés par des couches de laine, de charbon et de sable; dans quelques appareils, l'eau est reçue sur une éponge qui la laisse tomber goutte à goutte sur les compartiments inférieurs. D'autres filtres, formés principalement de charbon préparé avec ou sans toile d'amiante, sont surtout destinés à débarrasser le liquide des éléments putrides qu'il peut renfermer.

Aucun de ces filtres n'est capable de former une barrière infranchissable contre les microbes. Avec de la pierre poreuse assez fine on obtient ce résultat, mais surtout avec les filtres à porcelaine, parmi lesquels celui de M. Chamberland est infiniment supérieur. Qu'importe de donner à l'eau une transparence plus ou moins parfaite, de la débarrasser de ses sels et de ses matières organiques, de ses impuretés grossières, pour ainsi dire, si l'on conserve les germes vivants des affections les plus éminemment transmissibles!

A. Proust,
Conférence d'hygiène, p. 19.

Soixante-quatrième leçon.

AUTRES BOISSONS

273. Boissons alcooliques ; le vin. — On appelle boissons alcooliques celles qui proviennent de la fermentation* de certains jus sucrés ; le sucre, pendant la fermentation, se transforme en alcool* et en acide carbonique*. Les principales boissons alcooliques sont : le vin, la bière, le cidre et le poiré.

Le vin provient de la fermentation du jus de raisins frais. La vigne est cultivée, en France, dans 72 départements pour la production du vin (150).

Le vin, dont la composition est très complexe, est un véritable aliment ; il renferme, en moyenne, 9 pour 100 d'alcool. Le vin vieux est bien plus tonique que le vin jeune.

Il faut bien s'assurer que le vin que l'on consomme est *naturel*, c'est-à-dire qu'il provient de la fermentation du jus de raisins frais. Les vins falsifiés ou fraudés peuvent être très dangereux à la santé.

274. La bière ; le cidre et le poiré. — La bière est une boisson fabriquée avec de l'orge et aromatisée avec du houblon. Les grains d'orge subissent dans les brasseries* certaines préparations, de telle sorte que les matières renfermées dans ces grains deviennent sucrées ; on les fait ensuite fermenter. La bière est très consommée dans les pays du Nord ; c'est une bonne boisson, tonique et rafraîchissante, moins excitante que le vin parce qu'elle renferme moins d'alcool*.

Le cidre est fabriqué avec le jus sucré des pommes à cidre; le poiré avec le jus sucré de certaines poires. Ces boissons, lorsqu'elles sont bien préparées, sont rafraîchissantes; on les consomme surtout, en France, dans la Normandie et la Bretagne.

275. Les eaux-de-vie et les liqueurs. — Les principales sont : l'eau-de-vie de vin ou *cognac*, l'eau-de-vie de *marc*, l'eau-de-vie de cerise ou *kirsch*, le *rhum*, etc. Tous ces produits renferment environ 50 p. 100 d'alcool*. Certaines liqueurs de commerce en renferment autant.

Les eaux-de-vie et les liqueurs, même lorsqu'elles sont fabriquées avec des alcools de bonne qualité, sont des excitants très énergiques, qui exercent une influence pernicieuse sur l'estomac et toute l'économie; il ne faut en user qu'exceptionnellement et avec une grande modération.

Pris en excès, ces liquides produisent une sorte de délire désigné sous le nom d'*ivresse*. Les personnes qui absorbent fréquemment des boissons alcooliques ou des eaux-de-vie à haute dose sont bientôt atteintes d'*alcoolisme;* c'est un état maladif extrêmement grave qui se termine toujours par la folie.

276. Boissons aromatiques. Café et thé. — Le caféier est un arbrisseau des pays chauds; ses fruits, après avoir subi la torréfaction*, nous servent à préparer la boisson désignée sous le nom de *café*.

Le café est surtout un excitant; il active la circulation du sang et excite le cerveau. Il ne faut pas en faire un abus.

Le thé est préparé par l'infusion des feuilles desséchées d'un arbrisseau très commun en Chine et au Japon. Le thé facilite la digestion : il est moins excitant que le café.

En été, les boissons préparées avec du café ou du thé, et refroidies, sont désaltérantes; il faut les préparer très légères et les substituer à l'eau comme boisson; on évite ainsi les maladies et les accidents causés par les eaux impures (269-270).

RÉSUMÉ

Le vin, qui provient de la fermentation du jus de raisins frais, est un véritable aliment; on ne doit consommer que du vin naturel. La bière, préparée avec de l'orge et du houblon, est rafraîchissante et moins excitante que le vin. Le cidre et le poiré constituent de bonnes boissons. Les liqueurs et les eaux-de-vie ne doivent être utilisées qu'exceptionnellement et à faible dose. Le café est surtout un excitant Le thé facilite la digestion; il est moins excitant que le café.

QUESTIONNAIRE

273. D'où provient le vin? — Combien le vin renferme-t-il d'alcool? — 274. Qu'est-ce que la bière? — le cidre? — le poiré? — 275. Quelles sont les principales eaux-de-vie? — Quelle est l'action de l'eau-de-vie sur l'organisme? — 276. Quelles sont les propriétés du café? — du thé?

DEVOIR DE RÉDACTION

Quelles sont les principales boissons alcooliques utilisées dans le ménage? Dites ce que vous savez sur chacune de ces boissons.

CHAPITRE III

Hygiène de l'habitation.

Soixante-cinquième leçon.

L'AIR

277. L'atmosphère ou l'air. — L'atmosphère est cette couche de gaz qui enveloppe la terre et dans laquelle nous vivons. Aucun être, végétal ou animal, ne peut vivre si on le prive d'air; tout être vivant, depuis le brin de mousse jusqu'à l'homme, respire, c'est-à-dire absorbe de l'oxygène*. Et la source de l'oxygène est dans l'air.

L'air est un mélange de plusieurs gaz. Il renferme environ un cinquième d'oxygène seulement et quatre cinquièmes d'azote*; ce dernier gaz a pour effet de modérer l'action de l'oxygène.

L'air renferme, en outre, de 3 à 4 dix-millièmes d'acide carbonique* et des poussières ou des corpuscules divers en suspension.

278. La respiration. — Le phénomène de la respiration est indispensable à la vie de l'homme; celui qui ne peut pas respirer, pour une raison quelconque, périt par *asphyxie*. En vingt-quatre heures, un homme adulte respire environ 20000 fois, et il entre dans ses poumons environ 10000 litres d'air. Le sang qui circule dans les poumons n'est séparé de l'air respiré que par une membrane très mince; pendant la respiration, le sang se charge de l'oxygène* de l'air et rejette de l'acide carbonique* et de la vapeur d'eau.

L'oxygène, dont le sang se charge, *brûle*, dans toutes les parties du corps, les principes alimentaires que nous avons assimilés, et même une partie de nos organes. C'est cette *combustion** incessante qui entretient la chaleur de notre corps et maintient sa température à 39 degrés environ.

279. Viciation de l'air par la respiration. — L'air qui pénètre dans les poumons renferme seulement 3 ou 4 litres d'acide carbonique* dans 10000 litres; l'air qui en sort renferme jusqu'à 7 pour 100 d'acide carbonique*, c'est-à-dire 200 fois plus que l'air atmosphérique.

L'acide carbonique* qui est rejeté dans l'atmosphère par la respiration ne s'y accumule pas; les végétaux l'absorbent pour construire leurs tissus (8); c'est pourquoi l'air à la campagne est bien plus pur que l'air des villes.

Mais lorsque plusieurs personnes sont réunies dans une salle bien close, l'acide carbonique* qu'elles rejettent par la respiration et qui prend la place de l'oxygène* absorbé, vicie au bout de peu de temps l'atmosphère confinée de la salle; ces personnes éprouvent des malaises, des étourdissements, causés par un commencement d'empoisonnement.

On cite un exemple célèbre d'asphyxie par suite de la viciation de l'air par la respiration : après la bataille d'Austerlitz, trois cents prisonniers autrichiens ayant été enfermés dans une cave, deux cent soixante succombèrent asphyxiés au bout de peu de temps.

280. Aération des locaux habités. — Un homme adulte rejette par la respiration environ 16 litres d'acide carbonique* par heure; cette quantité de gaz peut rendre insalubre 10 mètres cubes d'air.

Si les locaux que nous habitons étaient hermétiquement clos, l'air qu'ils renferment deviendrait vite irrespirable et provoquerait l'asphyxie. Mais il s'y produit toujours une ventilation * naturelle; l'air extérieur pénètre dans ces locaux par les fissures des portes et des fenêtres tandis que l'acide carbonique s'échappe au dehors par ces mêmes fissures.

Néanmoins, on voit combien il importe de pratiquer l'aération de nos appartements en ouvrant fréquemment les portes et les fenêtres, afin que l'air y pénètre largement. Le chauffage au moyen de cheminées, qui provoque un courant d'air dans la chambre, est un excellent moyen d'aération.

L'atmosphère d'une chambre peut être souillée par des émanations de gaz carbonique provenant des poêles, des fourneaux, dont le tirage est insuffisant; il faut, dans ce cas, surveiller attentivement la ventilation*.

281. Atmosphères insalubres. — Dans les centres populeux des villes, l'air est presque toujours souillé, non seulement par la respiration des hommes, mais par des émanations de toutes sortes. C'est surtout dans de tels centres que les locaux habités doivent être vastes, soigneusement aérés et fréquemment ventilés*.

Les maladies épidémiques causent souvent de grands ravages parmi les populations agglomérées, parce que les germes de ces maladies se transmettent à l'homme par l'air, comme nous le verrons dans la leçon suivante.

RÉSUMÉ

L'air renferme environ 20 p. 100 d'oxygène, 80 p. 100 d'azote, 3 ou 4 dix-millièmes d'acide carbonique. Par la respiration, nous absorbons de l'oxygène, qui passe dans le sang, et nous rejetons de l'acide carbonique et de la vapeur d'eau. Dans une chambre bien fermée, l'acide carbonique expiré vicie l'atmosphère de la chambre, rend l'air irrespirable, et finalement provoque l'asphyxie. Il faut aérer fréquemment les locaux habités. L'air à la campagne est plus salubre que l'air des villes.

QUESTIONNAIRE

277. Quelle est la composition de l'atmosphère? — 278. En quoi consiste le phénomène de la respiration? — A quoi sert l'oxygène dont se charge le sang? — 279. Montrez comment l'air est vicié par la respiration. — 280. Comment la ménagère doit-elle procéder pour que l'air des appartements soit toujours salubre? — 281. Où rencontre-t-on des atmosphères insalubres?

DEVOIR DE RÉDACTION

Hygiène de la respiration; viciation de l'air; aération des appartements.

Soixante-sixième leçon.

L'AIR (*suite*). LES MALADIES CONTAGIEUSES

282. Les microbes. — L'air est rempli de poussières. Chacun a constaté le fait suivant : si dans une chambre à demi obscure, on laisse arriver, à travers le volet, un rayon de soleil (*fig.* 157), ce rayon montre sur son passage une grande quantité de poussières en suspension dans l'air.

Parmi ces poussières, les unes sont *minérales*, comme les poussières de route, par exemple, et n'ont pas d'importance. D'autres sont des *cellules vivantes*; elles ont une importance considérable, car ce sont elles qui causent les *putréfactions**, les *fermentations** et les maladies désignées sous le nom de maladies *contagieuses* ou *transmissibles*.

Un illustre Français, Pasteur[1], a, le premier, étudié toutes ces cellules vivantes et les a appelées des *microbes*.

Les microbes existent partout, non seulement dans l'air, mais dans les eaux impures (269), dans le sol, etc.

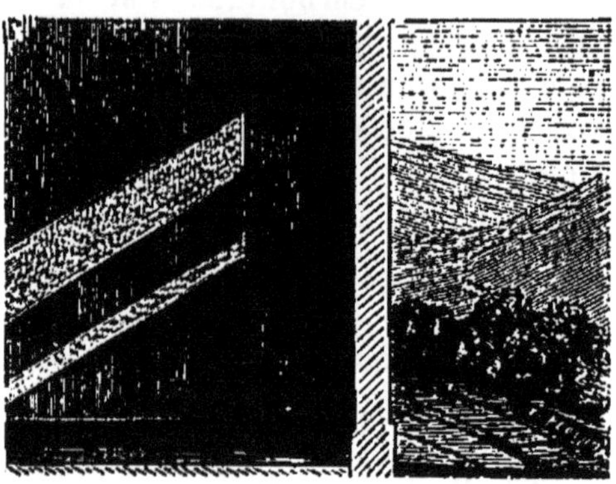

Fig. 157. — Un rayon de lumière pénétrant dans une pièce obscure laisse voir des poussières en suspension dans l'air.

Ils sont infiniment petits; si l'on en plaçait mille à la suite les uns des autres, on obtiendrait à peine une longueur de quelques millimètres.

283. Le vin, la bière, le vinaigre. — Pasteur nous a fait connaître que le vin, la bière et le vinaigre résultent de transformations produites par des microbes.

Fig. 158. — Levures (grossies 400 fois).

Le vin provient de la *fermentation** du jus sucré des raisins; cette fermentation est accomplie par des microbes appelés *levures* (*fig.* 158); les levures décomposent le sucre du jus de raisin et le transforment en alcool* et en acide carbonique*.

Le vinaigre est fait avec du vin; le vin est transformé en vinaigre par un microbe spécial, plus petit que la levure, et qu'on appelle *mycoderme*. Du vin exposé à l'air

1. Né à Dôle, le 27 décembre 1822, mort le 28 septembre 1895. Pasteur repose à l'Institut qui porte son nom. La France lui a fait des obsèques nationales.

se recouvre d'une pellicule très fine; cette pellicule est constituée par des mycodermes collés les uns contre les autres; quand elle apparaît sur le vin, celui-ci a fortement l'odeur et le goût du vinaigre.

284. Les maladies contagieuses. — On appelle maladies *contagieuses*, *transmissibles* ou *épidémiques*, les maladies qui se transmettent facilement d'un individu à un autre et produisent les *épidémies*.

Pasteur et ses élèves ont prouvé que toutes les maladies contagieuses qui atteignent l'homme ou les animaux sont dues à des microbes, que l'on appelle des *bacilles* ou des *bactéries*.

Certaines de ces maladies peuvent se transmettre par les aliments ou les boissons; c'est ainsi que la fièvre typhoïde, la dysenterie, le choléra, etc., sont causés souvent par l'ingestion d'eaux qui renferment les microbes de ces terribles maladies (269).

D'autres se transmettent, soit par la respiration, soit par le contact de l'individu malade avec l'individu sain; telles sont : la septicémie, le tétanos; la tuberculose ou phtisie pulmonaire, qui se manifeste surtout par l'altération des poumons, ce qui fait désigner les personnes atteintes sous le nom de poitrinaires; la variole et d'autres fièvres éruptives comme la scarlatine, la rougeole, etc.; la diphtérie ou croup, etc.

285. Comment on évite certaines maladies contagieuses. Vaccinations. — En temps d'épidémie, il faut se soumettre à une hygiène* rigoureuse, éviter les excès de toutes sortes, s'astreindre à ne boire que de l'eau très pure, stérilisée* par la chaleur (270); la faim et les autres privations, le froid et même la peur prédisposent à contracter certaines maladies contagieuses. Il importe d'isoler les malades, de désinfecter soigneusement les locaux qu'ils habitent, leurs linges, etc.

Certaines maladies sont prévenues par l'usage des vaccins*. A la fin du siècle dernier, un Anglais, Jenner, fit connaître comment on pouvait prévenir la *variole* par la vaccination.

Pasteur a découvert les vaccins de plusieurs maladies contagieuses, et notamment celui du *charbon bactéridien** en 1881, et celui de la *rage** en 1885. Des centaines de malades, mordus de chiens enragés, vont se faire soigner chaque année à l'Institut Pasteur, 25, rue Dutot, à Paris.

En 1895, un élève de Pasteur, le docteur Roux, a fait connaître comment on pouvait guérir le *croup* en vaccinant les jeunes malades avec le *sérum antidiphtérique.*

RÉSUMÉ

L'air, les eaux impures, le sol, fourmillent de microbes. Les microbes sont des êtres vivants, infiniment petits; les uns causent les putréfactions; d'autres, les fermentations qui produisent le vin, la bière, le vinaigre, etc.; d'autres causent les maladies contagieuses. En temps d'épidémie, il faut éviter les excès de toutes sortes et ne boire que de l'eau pure. On prévient la variole par la vaccination, procédé découvert par Jenner; Pasteur a trouvé le vaccin du charbon, celui de la rage; Roux a découvert celui du croup.

QUESTIONNAIRE

282. Qu'appelle-t-on microbes? — Quels sont les phénomènes causés par les microbes? — 283. Comment se produisent le vin? — la bière? — le vinaigre? — 284. Qu'appelle-t-on maladie contagieuse? — 285. Quelles mesures faut-il prendre en temps d'épidémie? — Comment peut-on éviter certaines maladies contagieuses?

DEVOIR DE RÉDACTION

Qu'appelle-t-on maladie contagieuse? Quelles mesures doit-on prendre en temps d'épidémie? Comment peut-on éviter certaines maladies contagieuses?

LECTURE

La tuberculose ou phtisie pulmonaire.

Le microbe de la tuberculose pénètre dans l'organisme par les voies aériennes avec l'air inspiré, par le canal digestif avec les aliments, par la peau et les muqueuses à la suite d'écorchures, de piqûres, de plaies ou d'ulcérations diverses.

La source contagieuse, la plus fréquente et la plus redoutable réside dans les crachats des phtisiques. A peu près inoffensifs tant qu'ils restent à l'état liquide, c'est surtout lorsqu'ils sont réduits en poussière qu'ils deviennent dangereux. Ils revêtent promptement cette forme lorsqu'ils sont projetés sur le sol, les planchers, les carreaux, lorsqu'ils souillent les vêtements, les couvertures, les objets de literie, etc. C'est alors que, desséchés et pulvérulents, ils sont mis en mouvement par le balayage et l'époussetage, le battage et le brossage des étoffes, des meubles, des couvertures, des vêtements. Cette poussière suspendue dans l'air pénètre dans les voies respiratoires, se dépose sur les objets usuels servant aux usages alimentaires et devient un danger permanent pour les personnes qui séjournent dans l'atmosphère ainsi souillée.

Il importe de recueillir les crachats des malades et de ne pas attendre, pour les détruire, qu'ils soient desséchés et répandus en poussière dans l'atmosphère. Les crachoirs doivent être chaque jour vidés dans le feu, nettoyés à l'eau bouillante additionnée de carbonate de soude. Jamais on ne doit en jeter le contenu sur les fumiers ni dans les cours, où ils peuvent tuberculiser les volailles, être dilués par les eaux de pluie qui disperseraient ainsi le bacille, risquant d'infecter les eaux de boisson.

Le linge des tuberculeux doit séjourner quelque temps dans l'eau bouillante avant d'être livré au blanchissage.

Le parasite de la maladie peut se rencontrer dans le lait, la viande et le sang des animaux malades qui servent à l'alimentation de l'homme : bœuf, vache surtout, lapin, volaille.

(*Extrait des Instructions rédigées par le Congrès de la tuberculose en* 1888.)

Soixante-septième leçon.

L'AIR (*suite*). VARIATIONS DE LA TEMPÉRATURE.

286. La chaleur. — En été, les travailleurs des champs sont exposés à la chaleur du soleil et leur corps se couvre de sueur. En s'évaporant, la sueur produit un refroidissement qui modère la température du corps et la régularise en la maintenant toujours à 39 degrés environ (278).

Lorsqu'une personne en sueur s'expose dans un courant d'air, l'évaporation qui se produit à la surface de son corps devient très active et cause un refroidissement brusque, qui amène le plus souvent un accident grave : c'est l'inflammation des poumons, désignée sous le nom de *fluxion de poitrine*. Le même accident peut se produire lorsque, le corps étant très échauffé, on absorbe une boisson très froide (263).

Si les rayons solaires frappent directement, en plein été, une partie du corps, ils peuvent produire l'accident connu sous le nom de *coup de soleil.* Lorsque cet accident se produit à la tête, il peut causer une congestion* du cerveau.

Par quelques précautions hygiéniques, il est facile d'éviter tous ces accidents.

287. Hygiène de la peau. — La peau est percée d'une multitude de petites ouvertures, par lesquelles la sueur est rejetée hors du corps. Or, ces ouvertures peuvent être obstruées par des poussières, des matières grasses sécrétées* par les glandes* de la peau.

Il importe que la peau puisse remplir sa fonction; pour cela, il est indispensable de prendre certains soins de propreté: lavages et bains fréquents.

288. Le froid. — Le froid ralentit la fonction de la peau et la circulation du sang. Lorsque le corps est soumis à un froid prolongé, on ressent une sorte d'engourdissement, puis un grand besoin de sommeil et la mort survient bientôt.

Le froid intense peut produire des congestions*; il faut éviter de s'exposer au froid brusquement en sortant d'une pièce chauffée.

289. Préservation de la chaleur et du froid. Le vêtement. — En été, pour favoriser la fonction de la peau, il faut porter des vêtements amples, légers, de préférence de couleur blanche, parce qu'ils absorbent moins de chaleur.

Les vêtements de toile de coton, de lin ou de chanvre, ne préservent ni de la chaleur ni du froid, parce qu'ils laissent passer très facilement, à travers leur trame, la chaleur du corps ou celle de l'extérieur. Les vêtements de laine, au contraire, se laissent difficilement traverser par la chaleur; ce sont des *isolants**; les Arabes se préservent de la chaleur de l'été avec un manteau de laine de couleur blanche.

Les vêtements de toile de coton ou de lin laissent évaporer rapidement la sueur dont ils s'imprègnent, et les personnes qui les portent ont à craindre des refroidissements brusques. Il en est tout autrement des vêtements de laine; c'est pourquoi la flanelle portée sur la peau est très recommandable, car elle met le corps à l'abri des variations de température.

290. Chauffage des appartements. — Le chauffage des appartements nous permet de nous préserver du froid en hiver; la température des locaux habités doit être maintenue à 16 degrés environ.

Le chauffage au moyen de cheminées ne donne pas beaucoup de chaleur; mais il a le grand avantage de produire une bonne ventilation* des appartements (280).

Le chauffage au moyen de poêles est plus économique, mais il produit une ventilation* insuffisante. Les poêles en faïence, alimentés avec du bois, doivent être utilisés de préférence. Les poêles en fonte, dans lesquels on brûle de la houille ou du coke, ont souvent de graves inconvénients; ils dégagent une odeur désagréable et laissent parfois échapper de l'acide carbonique* dans l'atmosphère de la chambre; lorsque leur paroi est chauffée au rouge; ils dégagent un gaz toxique*, l'oxyde de carbone, qui est un poison très violent.

RÉSUMÉ

Nous devons éviter les variations brusques de température : la chaleur et le froid peuvent produire des congestions. En été, lorsque le corps est échauffé, il faut éviter les courants d'air et l'ingestion d'eau froide. Les vêtements nous préservent de la chaleur en été et du froid en hiver; ceux de laine sont préférables à ceux de lin et de coton parce qu'ils nous préservent mieux des variations de température. Le chauffage des appartements au moyen des cheminées est hygiénique; le chauffage au moyen de poêles est plus économique; mais il rend l'atmosphère des appartements souvent insalubre et parfois toxique.

QUESTIONNAIRE

286. Quelles sont les précautions hygiéniques que les travailleurs des champs doivent prendre en été? — 287. Quels sont les soins à donner à la peau? — 288. Quelle est l'action du froid sur le corps? — 289. Quelle différence doit-on faire entre les vêtements de lin ou de coton et ceux de laine? — 290. Quels sont les différents modes de chauffage des appartements?

DEVOIR DE RÉDACTION

Indiquez quels sont les moyens que nous pouvons employer pour nous préserver du froid.

Soixante-huitième leçon.

L'HABITATION DU CULTIVATEUR

291. Emplacement de l'habitation. — La maison d'habitation doit être construite sur un sol sain, perméable; les personnes qui habitent des locaux humides sont atteintes de rhumatismes.

On doit redouter le voisinage toujours insalubre des marais ou d'autres eaux stagnantes, de certaines usines, etc.

Sous notre climat, la façade de la maison doit être exposée de préférence à l'est, parce que les vents ou les pluies viennent surtout de l'ouest et du sud-ouest; dans les pays chauds, on l'expose au nord pour éviter les ardeurs du soleil; dans les régions froides, on l'expose au midi.

292. Construction de l'habitation. — Les murs de la maison d'habitation doivent être suffisamment épais pour nous préserver de la chaleur et du froid; les doubles murs et les doubles fenêtres, les murs construits avec des briques creuses sont de bons *isolants**.

Le plancher de la cuisine doit toujours être établi avec des carreaux en brique ou en pierre afin de pouvoir être lavé fréquemment à grande eau. Les planchers en bois, ou *parquets*, qui peuvent être utilisés pour les autres pièces, sont moins froids que la brique, mais leur bon entretien est plus difficile.

Toutes les chambres de l'habitation doivent être largement éclairées : la lumière est un agent hygiénique très puissant, car elle est défavorable au développement des microbes (**282-284**).

293. Entretien de l'habitation. — La maison la mieux aménagée deviendrait vite insalubre si la ménagère ne l'entretenait pas, par des soins journaliers, dans un bon état de propreté.

Les planchers doivent être nettoyés chaque jour. L'air qui pénètre dans nos appartements est toujours chargé de poussières, de microbes (**282**), qui se déposent sur les meubles, les étoffes, etc. ; il faut enlever ces poussières avec un linge et non avec un plumeau qui les projette dans l'atmosphère du local.

Mais c'est surtout sur les *résidus de la vie* que la ménagère doit porter son attention. Les eaux ménagères, les débris de la cuisine, qui se putréfient facilement, doivent être chaque jour enlevés de la maison d'habitation ; les éviers seront lavés à grande eau après chaque évacuation des eaux de ménage.

Enfin, il doit exister, dans chaque maison d'habitation, des *cabinets* ou *fosses d'aisances* pour recueillir et isoler les excréments humains ; il importe que ces fosses soient bien étanches*, afin qu'elles ne laissent pas filtrer des immondices qui empoisonneraient les eaux souterraines (**267-269**).

294. Les bâtiments de l'exploitation agricole. — Les principaux bâtiments de l'exploitation sont ; les granges, dans lesquelles on emmagasine les récoltes ; les hangars, où l'on range les instruments agricoles ; l'écurie, la vacherie, etc., qui servent pour le logement des animaux domestiques.

Les locaux qu'habitent les animaux doivent être suffisamment vastes, bien aérés, bien éclairés ; il faut les nettoyer fréquemment. Près de ces locaux sont installées la plate-forme à fumier et la fosse à purin (**23**) ; cette fosse, parfaitement étanche*, doit communiquer par des caniveaux avec l'écurie et la vacherie, de façon que l'urine des animaux ne s'infiltre pas dans le sous-sol.

RÉSUMÉ

La maison d'habitation doit être construite sur un sol très sain, loin des eaux stagnantes, exposée de préférence à l'est, sous notre climat; toutes les pièces doivent être largement éclairées, car la lumière est un puissant agent hygiénique. La maison d'habitation ne reste salubre que si la ménagère l'entretient, par des soins journaliers, dans un grand état de propreté; elle doit surtout veiller à l'évacuation des résidus de la vie. La fosse d'aisances, de même que la fosse à purin, doivent être parfaitement étanches, afin d'éviter des infiltrations dans le sous-sol.

QUESTIONNAIRE

291-292. Quelles sont les meilleures conditions d'installation d'une maison? — Pourquoi les chambres doivent-elles être parfaitement éclairées? — 293-294. Quels soins la ménagère doit-elle donner à la maison d'habitation? — Comment doivent être installés les cabinets d'aisances? — la fosse à purin?

DEVOIR DE RÉDACTION

Quels sont les soins journaliers que doit prendre la ménagère afin d'entretenir la maison d'habitation dans un bon état de propreté?

CHAPITRE IV

La ménagère agricole.

Soixante-neuvième leçon.

QUALITÉS DE LA MÉNAGÈRE AGRICOLE

295. Amour du travail. Ordre et activité. — La ménagère a de grands devoirs à remplir, résultant de sa mission d'épouse et mère de famille.

A ces devoirs de haute importance s'ajoutent pour la

ménagère agricole d'autres obligations qui exigent d'elle, avant tout, un grand *amour du travail*, et, par suite, beaucoup d'*ordre* et d'*activité*.

Elle doit apporter de l'ordre dans la direction et la tenue de son ménage et dans tous les travaux qui lui incombent à la laiterie, à la basse-cour et au jardin.

C'est en procédant avec ordre et méthode dans ses multiples travaux que la ménagère agricole parviendra à faire régner dans son intérieur, partout autour d'elle, cette propreté qu'on a appelée une demi-vertu, et qui est la meilleure sauvegarde de la santé.

La ménagère agricole sera toujours au-dessous de sa fonction si elle n'est pas très active. Elle doit réserver à chaque jour sa tâche et ne rien remettre au lendemain de ce qui peut être fait le jour même.

296. Comptabilité de la ménagère agricole. — La ménagère agricole qui apporte beaucoup d'ordre dans ses travaux s'astreint à tenir une *comptabilité*.

Sur un *carnet de dépenses journalières*, elle inscrit régulièrement toutes les dépenses du ménage, à mesure qu'elles se produisent.

Le *livre de caisse* est un registre sur lequel la ménagère inscrit tous les huit jours, par exemple, les dépenses du ménage; les autres dépenses, de même que les recettes, sont inscrites sur ce livre à mesure qu'elles sont effectuées. Voici un modèle de ce registre :

MODÈLE D'UN LIVRE DE CAISSE

DATES	DÉSIGNATION DES RECETTES OU DES DÉPENSES	RECETTES	DÉPENSES
1er mai.	En caisse ce jour	250 »	
3 »	Dépenses de la semaine		28 50
d°.	Reçu de M....., pour	75 25	
5 »	Payé à M....., pour		18 »
	Etc		

La ménagère agricole tient parfois deux registres spéciaux, analogues au précédent, sur lesquels sont inscrites les recettes et les dépenses effectuées au compte de la *laiterie* et de la *basse-cour*.

297. Prévoyance. Amour de l'épargne. — La ménagère agricole doit être *prévoyante*, et, pour cela, il faut qu'elle exerce une grande *vigilance* sur tout ce qui se passe autour d'elle : la prévoyance évite bien des insuccès et souvent des malheurs.

C'est la prévoyance et la prudence qui incitent le cultivateur à *assurer contre l'incendie* ses bâtiments et les produits de ses magasins; il peut assurer également ses récoltes contre la grêle : moyennant le paiement d'une faible prime, il est à l'abri de tout accident.

La ménagère agricole doit régler ses dépenses sur ses moyens de fortune. Les travaux des champs ne procurent pas de grands bénéfices; mais les dépenses du ménage rural sont toujours très restreintes. Si la ménagère rurale ne possède pas l'*amour de l'épargne*, le faible bénéfice réalisé est vite dissipé.

Les *caisses d'épargne* sont des établissements créés par l'Etat ou les communes pour permettre à ceux qui ont de petites économies de les faire fructifier. La ménagère agricole fera bien de confier ses économies aux caisses d'épargne; elle recevra un intérêt qui varie généralement entre 2,75 et 3 p. 100 par an.

RÉSUMÉ

La ménagère agricole doit avoir l'amour du travail, ce qui exige d'elle beaucoup d'ordre et d'activité. Elle tiendra note de toutes ses dépenses et de ses recettes, qui seront enregistrées sur un livre de caisse; parfois, elle devra établir un compte spécial pour la laiterie et un autre pour la basse-cour. La ménagère agricole doit être prévoyante et économe; elle doit régler ses dépenses sur ses moyens de fortune. Elle confiera ses économies à la caisse d'épargne.

QUESTIONNAIRE

295. Quelles sont les principales qualités de la ménagère agricole? — 296. En quoi consistera la comptabilité de la ménagère agricole? — Donnez un modèle du livre de caisse. — 297. Pourquoi la ménagère doit-elle être économe? — Qu'appelle-t-on caisse d'épargne?

DEVOIR DE RÉDACTION

Dites quelles sont les qualités que doit posséder la bonne ménagère agricole.

LECTURE

Les conseils d'une aiguille.

Marie vient d'enfiler sa première aiguille. Sa figure mutine s'est faite sérieuse; elle serre l'une contre l'autre ses lèvres roses, tant elle est attentive à son nouveau travail. Mais voilà qu'une petite voix se fait entendre; elle parle à Marie :

« Ecoute, enfant, les conseils de ton aiguille. Je suis pour toi une nouvelle amie; mais notre amitié doit être longue, et pendant bien des années nous ne nous quitterons plus. Je suis la maîtresse des pensées sérieuses; c'est moi qui commence à te montrer ton rôle de femme, car du moment où tu as commencé à te servir de moi, tu as commencé en même temps à devenir utile. Je suis pour toi l'emblème du travail; le travail, c'est la vie, c'est l'activité, c'est le bonheur. Tout travaille autour de toi. Pour me placer dans ta petite main, des milliers d'hommes ont creusé la terre profonde; ils en ont extrait un métal grossier, ils l'ont fondu, purifié, affiné, et m'ont enfin produite telle que tu me vois, brillante, fine et légère. Pour faire l'étoffe où tu me piques, des milliers de travailleurs ont supporté le soleil dans des climats brûlants; d'autres, mettant en mouvement des machines inventées par la science, ont filé et tissé le fin duvet blanc (le coton) que de nombreux bateaux avaient apporté en traversant la grande mer. Pour te donner le fil que j'entraîne à ma suite, des milliers de laboureurs ont remué la terre et semé la graine que Dieu a fait germer et grandir; puis, la plante flétrie, d'autres mains l'ont prise et de sa tige morte ont tiré ce beau fil si uni, si blanc et si doux. Tous ont travaillé pour toi; selon tes forces, travaille à ton tour pour tous. Sois la gaîté de la maison, sois l'ange du foyer. Donne de la joie à ton père quand il rentre au logis, fatigué de son travail du dehors; donne de la joie à ta mère pour lui rendre sa tâche plus douce. Toi, enfant, qui profites du travail de chacun, respecte le plus humble des travailleurs, et rends-toi digne d'occuper un jour ta place parmi eux. »

(*Magasin pittoresque.*)

Soixante-dixième leçon.

RESTEZ AUX CHAMPS

298. **L'agriculture est la première des professions.** — L'agriculture fournit à l'homme les aliments dont il a besoin. Elle produit le blé que nous utilisons pour la préparation du pain, base de notre alimentation; c'est elle qui nous fournit toute la viande que nous consommons, le lait et ses produits de transformation, les légumes et les fruits, les produits de la basse-cour, etc., qui varient notre alimentation.

L'agriculture est donc bien la plus utile, et, par suite, la première des professions.

299. **On ne gagne pas plus à la ville qu'à la campagne.** — Depuis une cinquantaine d'années, les populations rurales émigrent vers les villes; elles abandonnent la vie des champs pour aller chercher dans l'industrie une meilleure rémunération de leur travail.

Or, le travail de l'industrie *est aussi pénible* que celui de l'agriculture. Sans doute, il est mieux payé, c'est-à-dire que le salaire de l'ouvrier est plus élevé à la ville qu'à la campagne. Mais ce qu'il faut considérer, ce n'est pas le salaire brut, qui, malheureusement, n'est qu'illusoire, c'est ce qui reste de ce salaire lorsque les frais de subsistance et de logement sont payés.

Les ouvriers des villes gagnent beaucoup; mais ils dépensent aussi beaucoup : ils paient cher pour leur nourriture qui n'est pas aussi saine que celle des paysans, pour leur logement, qui est toujours moins salubre et souvent moins commode que la plus modeste chaumière. Entourés d'un luxe qui leur fait envie, ils souffrent d'être privés d'une foule de plaisirs; ils se créent une foule de besoins que les habitants de la campagne ne connaissent pas.

300. **L'hygiène de la campagne est bien meilleure que celle des villes.** — Lorsqu'un médecin de la ville

parvient à sauver un de ses clients d'une longue maladie, il lui conseille toujours le séjour à la campagne pour hâter sa convalescence. Là, en effet, le convalescent trouve l'air pur, la lumière. Loin du bruit des villes, il vit paisiblement, doucement; il apprécie mieux que personne tous les avantages de la vie à la campagne.

L'air des villes, surtout de celles qui possèdent des rues étroites, est souillé par des émanations de toutes sortes; il est chargé de l'acide carbonique* dégagé par les agglomérations d'hommes, par les cheminées des usines; il fourmille de poussières, de microbes, dont quelques-uns sont les propagateurs des maladies contagieuses (284); il est *malsain.*

Le travail des champs est des plus favorables à la santé. Avec un logement bien aéré et bien éclairé, une alimentation bien réglée, quelques soins de propreté du corps, le cultivateur et sa famille se trouvent dans les meilleures conditions hygiéniques pour conserver une bonne santé et vivre longtemps.

301. Autres avantages de la vie des champs. — Les travailleurs agricoles ne connaissent pas les chomages, si fréquents dans les industries, et qui amènent souvent la ruine des ouvriers des villes.

Le cultivateur propriétaire est plus libre que le citadin; il n'a pas une clientèle à servir comme le commerçant, le médecin, le notaire, etc.

Les habitants des campagnes ont une vie simple et frugale, qui leur coûte peu. Ils passent leur vie entourés de leur famille, près des êtres qu'ils aiment. La campagne leur offre chaque jour un spectacle nouveau, toujours grandiose et plein de charme pour celui qui le comprend. Aussi a-t-on pu dire : Heureux l'homme des champs s'il connaissait son bonheur!

RÉSUMÉ

L'agriculture est la plus utile, et, par suite, la première des professions, car elle seule nous fournit les aliments dont nous avons besoin. Les travailleurs du sol gagnent tout autant que les travailleurs des villes ; ils ne connaissent pas les chômages ; leur vie simple et frugale, leurs travaux à l'air pur, sont très favorables à leur santé ; ils passent leur vie entourés de leur famille, près des êtres qu'ils aiment. Restons aux champs.

QUESTIONNAIRE

298. Montrez que l'agriculture est la première des professions. — 299. Comparez le gain de l'ouvrier des villes à celui de l'ouvrier agricole. — 300. Comparez l'hygiène des campagnes à celle des villes. — 301. Citez d'autres avantages de la vie à la campagne.

DEVOIR DE RÉDACTION

Comparez l'ouvrier agricole avec l'ouvrier industriel, et montrez les avantages de la vie à la campagne.

LEXIQUE

(Mots marqués d'un astérisque*)

Acide carbonique. — Combinaison* gazeuse d'oxygène* et de carbone*. Le gaz acide carbonique existe dans l'atmosphère en faible quantité; 10000 litres d'air n'en renferment que 3 ou 4 litres. Les plantes vertes absorbent ce gaz pendant le jour seulement; elles le décomposent et assimilent le carbone qu'il renferme. L'acide carbonique est produit pendant certaines fermentations*; celles du jus de raisin, etc.

Acide phosphorique. — Corps indispensable à l'alimentation de la plante, formé de la combinaison* de trois corps simples : l'oxygène*, le phosphore et l'hydrogène*.

Acide sulfurique. — Combinaison* de soufre, d'oxygène* et d'hydrogène*; liquide très corrosif, dangereux à manier; on le désigne quelquefois sous le nom d'*huile de vitriol.*

Ameublir. — Voyez le mot *meuble.*

Ammoniaque. — Gaz formé de la combinaison* de l'azote* et de l'hydrogène*. Ce gaz, désigné quelquefois sous le nom d'*alcali volatil*, possède une odeur forte, piquante; il est très soluble dans l'eau. L'eau chargée de ce gaz est appelée aussi *ammoniaque.*

Aquatique (oiseau). — Oiseau qui vit sur l'eau, dans les marais, le long des rivières. Exemple : le canard est un oiseau aquatique.

Aqueux (aliment). — Aliment qui renferme beaucoup d'eau. Exemples : les fourrages verts, la betterave, la carotte, le navet, etc.

Artère. — Vaisseau sanguin qui porte le sang du cœur dans toutes les parties du corps; le sang est ramené au cœur par les veines.

Article. — Les pattes des insectes sont formées de plusieurs parties qu'on appelle des articles; l'abdomen de certains insectes se compose de plusieurs anneaux ou articles.

Alcool. — Liquide formé chimiquement de la combinaison* de trois corps simples : l'oxygène*, l'hydrogène* et le carbone*. L'alcool ordinaire est le principe essentiel du vin et de toutes les boissons analogues dites alcooliques; on l'extrait de jus sucrés qui ont subi la fermentation* : jus de raisin, jus de betterave à sucre, etc. Il existe plusieurs séries d'alcools possédant des propriétés différentes.

Azote. — Corps simple indispensable à l'alimentation de la plante. L'atmosphère renferme 80 p. 100 environ d'azote. Les plantes de la famille des légumineuses* (luzerne, trèfle, sainfoin, pois, vesce) sont seules capables d'absorber l'azote gazeux de l'atmosphère.

Bain-marie. — Récipient renfermant de l'eau bouillante; on peut placer dans ce récipient un vase contenant une substance que l'on veut chauffer à la température de l'eau bouillante (100 degrés environ).

Béton; bétonné. — Le béton est un mortier fait de ciment, de sable et de gravier. Les étables et les écuries sont parfois bétonnées, c'est-à-dire que le sol est garni de béton.

Bractée. — Production qui se rencontre près des fleurs de certaines plantes. Cette production ressemble parfois à une feuille, parfois à une écaille plus ou moins développée. Les fleurs du chardon, de la reine-marguerite, de la pâquerette, du bleuet, de l'artichaut, etc., sont entourées de nombreuses bractées dont l'ensemble s'appelle un *involucre.* La partie comestible de l'artichaut est l'involucre de la fleur.

Brasserie. — Etablissement industriel où l'on fabrique la bière.

Bulbe. — Renflement de la racine ou de la base de la tige de certaines plantes. Exemples : l'ail, l'échalote, l'oignon, le poireau, la jacinthe, la tulipe, etc.

Buttage; action de butter; voyez ce mot.

Butter. — Accumuler de la terre autour des racines et des tiges de certaines plantes de façon à former une butte. On butte le céleri à côtes, la pomme de terre, etc.

Calcaire. — Corps solide, pierreux, qui est désigné en chimie sous le nom de carbonate de chaux. Exemples : la craie, le marbre, etc., sont des pierres calcaires. Eau calcaire : eau qui tient en dissolution du calcaire ou carbonate de chaux.

Carbone. — Corps simple qui entre dans la composition des végétaux et de nombreux composés; le carbone des végétaux provient de l'acide carbonique* de l'air.

Céréales. — On désigne sous ce nom les principales plantes de la grande culture cultivées pour leurs graines : le blé ou froment, le seigle, l'orge, le maïs et le sarrasin. En France, plus de la moitié de la superficie des terres labourables est consacrée à la culture des céréales, ce qui correspond à 29 p. 100 du territoire total.

Charbon bactéridien ou maladie charbonneuse. Maladie contagieuse qui atteint les bœufs, les moutons, etc. Il est défendu, sous peine de prison, de mettre en vente des animaux que l'on sait atteints ou soupçonnés d'être atteints du charbon. Les cadavres d'animaux morts de cette maladie doivent être enfouis avec la peau tailladée, à moins qu'ils ne soient envoyés à un atelier d'équarrissage régulièrement autorisé. (Loi du 21 juillet 1881.)

Chaux. — Corps indispensable à l'alimentation de la plante. La combinaison* de chaux et d'acide carbonique donne le carbonate de chaux ou calcaire*, corps très répandu dans la nature, qui forme des montagnes énormes, comme les Alpes et les Pyrénées. On prépare la chaux en chauffant le carbonate de chaux dans un *four à chaux*. La chaux, au sortir du four, est à l'état de *chaux vive;* en présence de l'humidité, elle absorbe une certaine quantité d'eau, augmente de volume et passe à l'état de *chaux éteinte.*

Chlorure de potassium. — Engrais potassique qui renferme, lorsqu'il est pur, 63 p. 100 de potasse*; le kilogramme de potasse dans cet engrais vaut 0fr,40 environ.

Clapier. — Local où sont logés les lapins.

Clos d'équarrissage. — Endroit où sont abattus les animaux domestiques dont la viande n'est pas livrée à la consommation. La viande de ces animaux est desséchée et vendue comme engrais.

Coïncider; qui s'applique parfaitement l'un sur l'autre; qui se confond exactement.

Condiment. — Ce qui sert pour assaisonner la cuisine. Exemples : le persil, le cerfeuil, le sel, le poivre, l'ail, etc.

Concentré *(aliment).* — Les aliments concentrés sont ceux qui renferment, sous un faible volume, beaucoup de matières nutritives. Exemples : les graines, le son, la farine, le tourteau, etc.

Congestion. — Accident produit par un afflux de sang dans un organe.

Combinaison. — Union de deux ou de plusieurs corps simples pour former un corps nouveau possédant des propriétés différentes de celles des corps simples qui l'ont formé. Exemple : l'eau est une combinaison de deux corps gazeux, l'oxygène* et l'hydrogène*.

Combustion. — Destruction ou transformation d'un corps par la chaleur. Exemple : la combustion du bois dans nos foyers.

Compacité; compact. — On dit qu'un sol est compact lorsque ses particules sont collées les unes contre les autres. Les terres argileuses possèdent, en général, une grande compacité; lorsqu'on les laboure, la couche arable est soulevée en mottes plus ou moins grosses par la charrue.

Cossette. — Tranche mince de betterave ou de carotte. Exemple : le coupe-racine divise les betteraves en cossettes.

Couverture. — Lorsqu'on répand un engrais sur le sol, sans l'enfouir à la herse ou à la charrue, on dit que cet engrais est employé en couverture.

Déchausser. — Déchausser une plante, c'est enlever la terre qui se trouve autour du pied de la plante, de façon à mettre le collet à nu.

Désinfecter. — Purifier de manière à détruire tous les germes des maladies contagieuses.

Double (fleur). — Les plantes à *fleurs simples* sont celles qui possèdent un petit nombre de pétales colorés, comme à leur état sauvage. Mais les fleurs de ces plantes ont pu être modifiées par la culture, et certaines variétés cultivées produisent des fleurs à pétales nombreux et très développés; ces fleurs sont désignées sous le nom de *fleurs doubles*.

Éclaircir; terme de jardinage. Enlever une partie des plantes dans un carré du potager, de façon que celles qui restent puissent mieux se développer.

Essaim. — Groupe d'abeilles qui quittent la ruche trop étroite, pour aller former une colonie nouvelle. Le mot *essaim* désigne aussi la colonie d'abeilles renfermée dans une ruche.

Etiolement. Etiolé. — Lorsqu'une plante vit privée de lumière, ses feuilles et ses tiges sont blanchâtres; on dit qu'elle est *étiolée*. Exemple : lorsqu'on lie ensemble les feuilles d'un pied de salade, celles qui sont à l'intérieur se trouvent à l'obscurité et blanchissent : elles deviennent étiolées.

Etuve. — Espace clos dans lequel la température est très élevée.

Fécule. — La fécule ou *amidon* est un des principes nutritifs que renferment les aliments de l'homme ou des animaux. La fécule est extraite des tubercules* de la pomme de terre qui en renferment de 15 à 20 p. 100. Outre ses emplois en nature, la fécule est utilisée, après transformation, pour la fabrication du papier, pour la préparation de certains sirops, etc.

Fermentation. — Transformation qui se produit dans certaines substances et qui est due à de petits êtres microscopiques désignés sous le nom de ferments ou de microbes. Exemples : le jus de raisin fermente pour produire le vin; le vin fermente pour produire le vinaigre.

Glaise. — Terre argileuse, compacte, qui forme avec l'eau une pâte très liante.

Glandes. — Organes du corps qui sécrètent des produits de nature spéciale; ces produits sont fabriqués par les glandes avec des matériaux puisés dans le sang. Les principales glandes du corps sont : le foie, les glandes salivaires, les glandes gastriques, les glandes sudoripares, les glandes lacrymales, etc.

Graminées. — Famille végétale qui comprend un très grand nombre de plantes parmi lesquelles il faut citer nos principales céréales* : le blé, le seigle, l'avoine, l'orge et le maïs. La plupart des végétaux des prairies naturelles* appartiennent à la famille des graminées : le paturin, le ray-grass, la fléole, etc.

Hydrogène. — Corps simple, gazeux, qui entre dans la composition des végétaux, de l'eau, etc. L'eau renferme un huitième de son poids d'hydrogène.

Hygiène. — Ensemble des règles qu'il faut suivre pour bien conserver sa santé.

Inflorescence. — Ensemble que forment les fleurs d'une plante lorsque ces fleurs sont disposées près les unes des autres. Exemples : l'inflorescence du blé s'appelle épi; l'inflorescence de la vigne s'appelle grappe, etc.

Incubation. — Temps pendant lequel l'œuf est maintenu à une température de 40° environ, nécessaire au développement du germe qu'il renferme (voir nos 219 à 222). La durée de l'incubation des œufs de poule est de 21 jours; celle des œufs de canard, d'oie et de pintade est de 28 jours; celle des œufs de dinde est de 30 jours; celle des œufs de pigeon est de 17 jours, etc.

Isolant. — Corps qui se laisse traverser difficilement par l'électricité, par la chaleur.

Jauge (terme de jardinage). — Rigole, large de 0m,30 ou 0m,40, qui se trouve devant l'ouvrier lorsque celui-ci laboure le potager avec une bêche; la profondeur de cette rigole est égale à celle du labour effectué.

Juchoir. — Bâtons ou perches disposés horizontalement au-dessus du sol dans un poulailler et sur lesquels les poules viennent se percher pour passer la nuit.

Larve. — Tous les insectes subissent des mues pendant leur vie, c'est-à-dire que leur corps change complètement de forme. Leur premier état, au sortir de l'œuf, est l'état de *larve;* toutes les chenilles sont les larves des insectes désignés, à l'état parfait, sous le nom général de papillons. D'autres larves ont la forme de vers. Exemples : le ver blanc est la larve du hanneton; les petits vers que l'on rencontre dans les fruits, poires, cerises, etc., sont des larves de différents insectes, charançons, mouches, etc. En général, les insectes causent beaucoup plus de dégâts lorsqu'ils sont à l'état de larve que lorsqu'ils sont à l'état d'insecte parfait.

Légumineuse. — Famille végétale qui comprend les plantes suivantes utilisées en agriculture : la luzerne, le sainfoin, le trèfle, la lupuline, le pois, la vesce, le lupin, etc.

Macérer. — Laisser une substance ou un produit pendant un certain temps dans un liquide, de façon que ce liquide se charge des principes renfermés dans la substance ou le produit. Exemple : pour préparer la liqueur de cassis, on fait macérer les fruits du groseillier cassissier dans l'eau-de-vie.

Maculé. — Qui porte des taches très apparentes. Exemple : les fleurs de certaines variétés de l'œillet des fleuristes sont maculées.

Maraîcher. — Celui qui se livre à la culture des légumes ou culture maraîchère.

Meuble. — Se dit d'une terre dont les particules se désagrègent facilement; les terres meubles sont toujours faciles à cultiver. Les gelées de l'hiver ameublissent beaucoup les sols qui ont été labourés avant les froids.

Nectaires. — Petites poches situées le plus généralement à l'intérieur des fleurs et qui renferment des principes sucrés.

Nitrate de soude. Engrais azoté qui renferme, lorsqu'il est pur, 15,5 p. 100 d'azote* et vaut de 20 à 25 francs les 100 kilogrammes.

Nymphe. — Etat particulier des insectes qui se produit entre leur état de larve* et leur état d'insecte parfait.

Oléagineux. — Plante oléagineuse : plante dont les graines renferment de l'huile. Les principales sont : le colza, la navette, la cameline, la moutarde, le pavot-œillette, etc.

Opercule. — Petit couvercle qui bouche l'ouverture d'un orifice, d'une cellule d'abeille, de certains coquillages, etc.

Oxygène. — Corps simple gazeux qui entre dans la composition des végétaux, de l'eau, etc. L'atmosphère renferme 21 p. 100 environ d'oxygène. L'oxygène est indispensable à la respiration des animaux et des végétaux.

Pacage. — Herbage, sol couvert d'herbes, où vont paître les animaux.

Panaché. — Fleur panachée : fleurs dont les pétales sont de couleur différente.

Pelage. — Ensemble des poils qui recouvrent la peau d'un animal. Exemple : le pelage des bœufs charolais est généralement blanchâtre.

Pépinière. — Terrain où l'on produit des plants destinés à être repiqués ou transplantés; ces plants sont généralement obtenus par semis.

Phosphate naturel. — Engrais phosphaté qui renferme, en général, de 12 à 18 p. 100 d'acide phosphorique*. Le prix du kilogramme d'acide phosphorique* dans cet engrais est de 0fr,20 environ.

Pincer (terme de jardinage). — Couper avec les doigts l'extrémité d'une tige ou d'un rameau herbacé.

Plâtre. — Le plâtre est du *sulfate de chaux*, c'est-à-dire une combinaison* d'acide sulfurique* et de chaux*; on le trouve dans certaines carrières. En agriculture, on emploie le plâtre pulvérisé, soit à l'état cru, soit à l'état cuit.

Pollen. — Poussière renfermée dans de petits sacs appelés anthères, et portés par les étamines des fleurs.

Poquet (terme de jardinage). — Le semis en poquet consiste à disposer dans le sol plusieurs graines au même point; les plantes issues de ces graines forment une touffe. Exemple : les haricots sont généralement semés en poquets.

Potasse. — Corps indispensable à l'alimentation de la plante; la potasse existe en assez grande quantité dans les cendres de bois.

Prairies artificielles. — Prairies créées par l'homme et qui subsistent pendant quelques années seulement. Les principales plantes cultivées dans ces prairies sont : la luzerne, le sainfoin, le trèfle, le ray-grass, etc.

Prairies naturelles. — Prairies établies le long des cours d'eau ou dans des sols frais; ces prairies subsistent pour ainsi dire indéfiniment.

Putréfaction. — Décomposition d'une matière putrescible* (voir : putrescible).

Putrescible. — Matière putrescible : matière qui se décompose en répandant une odeur forte, désagréable; la décomposition de cette matière est due à des microbes.

Rage. — Maladie épouvantable qui s'attaque aux animaux et à l'homme. Cette maladie se transmet surtout par les morsures des chiens enragés. Tout animal atteint de rage ou suspecté d'être atteint de cette maladie doit être abattu immédiatement (loi du 21 juillet 1881).

Rhizome. — Portion de la tige souterraine de certaines plantes. Exemples : le chiendent, le céleri-rave.

Salpêtre ou azotate de potassium. Sel formé de la combinaison de l'acide azotique et de la potasse*; il est connu surtout pour son emploi dans la fabrication de la poudre de guerre.

Sécréter. — Se dit du travail effectué par les glandes* du corps. Exemples : Les glandes du pis de la vache sécrètent le lait; les glandes de la peau sécrètent la sueur et la matière sébacée; le foie sécrète la bile; les glandes salivaires sécrètent la salive, etc.

Station agronomique. — Etablissement, relevant du Ministère de l'Agriculture, où sont effectuées toutes les analyses agricoles : analyses de terre, d'engrais, de vin, etc.; ces établissements existent dans presque tous nos chefs-lieux de département.

Stériliser. — Stériliser l'eau : Porter l'eau à la température de 120° de façon à tuer, d'une manière certaine, tous les germes d'êtres vivants qu'elle renferme.

Sulfate de cuivre. — Combinaison* d'acide sulfurique* et de cuivre. Ce produit se présente à l'état de cristaux d'un beau bleu; on le désigne vulgairement sous le nom de vitriol bleu.

Sulfate de fer. — Combinaison* d'acide sulfurique* et de fer. Ce produit se présente en cristaux verdâtres; on le désigne vulgairement sous le nom de vitriol vert.

Sulfate de potasse. — Engrais potassique qui renferme, lorsqu'il est pur, 54 p. 100 de potasse*. Le kilogramme de potasse* dans cet engrais vaut 0fr,40 environ.

Superphosphate. — Engrais phosphaté qui renferme, en général, de 12 à 18 p. 100 d'acide phosphorique*; le prix du kilogramme d'acide phosphorique* dans cet engrais est de 0fr,40 environ.

Syndicat agricole. — Association d'agriculteurs qui se groupent pour acheter en commun les engrais, les semences, les insecticides, etc., dont ils ont besoin.

Torréfaction. — Action de torréfier, c'est-à-dire de griller une substance végétale ou animale. Exemple : torréfier les grains de café.

Tourteau. — Résidu de l'industrie de l'huilerie. Le tourteau est constitué par la masse des graines de colza, de navette, d'œillette, etc., dont on a extrait l'huile en les pressant très fortement.

Toxique. — Substance qui est un poison.

Tubercule. — Portion de la tige souterraine de certaines plantes. Exemple : la pomme de terre.

Vaccin. — Matière que l'on inocule à l'homme ou aux animaux domestiques pour les préserver de certaines maladies contagieuses.

Ventilation. — Opération qui consiste à chasser l'air confiné d'un appartement pour le remplacer par de l'air pur. Il existe des appareils spéciaux, appelés *ventilateurs*, qui permettent d'obtenir une bonne ventilation dans les maisons très peuplées, telles que les écoles, les prisons, les hôpitaux, etc.

Verruqueux. — Qui a l'apparence d'une surface couverte de verrues. Exemple : l'écorce des melons cantaloups est verruqueuse.

Vrille (terme de botanique). — Filets plus ou moins contournés que portent les tiges de certaines plantes. Exemples : les tiges du pois (voir *fig.* 53), celles de la vigne portent des vrilles.

TABLE DES MATIÈRES

NOTIONS GÉNÉRALES D'AGRICULTURE

CHAPITRE PREMIER

La plante et le sol.

CHAPITRE II

Engrais et amendements.

CHAPITRE III

Les cultures.

LE JARDIN POTAGER

CHAPITRE PREMIER

Notions générales sur le potager.

CHAPITRE II

Légumes cultivés pour leurs feuilles.

CHAPITRE III

Légumes cultivés pour leurs bulbes, leurs racines et leurs tubercules.

CHAPITRE IV

Légumes cultivés pour leurs graines.

CHAPITRE V

Autres légumes du potager.

LE JARDIN FRUITIER

CHAPITRE PREMIER

Notions générales sur le jardin fruitier.

CHAPITRE II

Etude des arbres fruitiers.

CHAPITRE III

Etude des arbrisseaux fruitiers.

CHAPITRE IV

Ennemis et auxiliaires du cultivateur.

LES VÉGÉTAUX D'ORNEMENT

LA LAITERIE

CHAPITRE PREMIER

Production du lait.

CHAPITRE II

Produits de transformation du lait.

LA BASSE-COUR

CHAPITRE PREMIER

Les oiseaux de basse-cour.

CHAPITRE II

Le lapin.

CHAPITRE III

Les abeilles.

LA TENUE DU MÉNAGE

CHAPITRE PREMIER

Les aliments.

CHAPITRE II

Les boissons.

CHAPITRE III

Hygiène de l'habitation.

CHAPITRE IV

La ménagère agricole.

SAINT-CLOUD. — IMPRIMERIE BELIN FRÈRES.

www.ingramcontent.com/pod-product-compliance
Ingram Content Group UK Ltd.
Pitfield, Milton Keynes, MK11 3LW, UK
UKHW020319230726
13925UKWH00002B/506

9 782013 478465